现代应用文
写作实操技巧

XIANDAI YINGYONGWEN
XIEZUO SHICAO JIQIAO

卢雪梅

编著

知识产权出版社

全国百佳图书出版单位

—北京—

图书在版编目（CIP）数据

现代应用文写作实操技巧 / 卢雪梅编著 . —北京：知识产权出版社，2023.7
ISBN 978-7-5130-8834-3

Ⅰ.①现… Ⅱ.①卢… Ⅲ.①汉语—应用文—写作 Ⅳ.① H152.3

中国国家版本馆 CIP 数据核字（2023）第 135752 号

内容提要

应用文又称为实用文，是为实用而作之文。本书共分八章，主要编著了比较常用的日常类、事务类、公文类、礼仪类、宣传类、经济类、法律类等应用文写作文体，除第一章外，每节由基础知识、范文实操、实操技巧、实操拓展四个板块组成。本书具有实践性强、综合性强、理实一体的特点，强调应用、实用、适用，满足不同年龄结构、文化层次、学习群体劳动就业与创新创造需要。

本书适合企事业单位工作人员、大中专院校师生及热爱应用写作的初学者阅读使用。

责任编辑：李海波　　　　责任印制：孙婷婷

现代应用文写作实操技巧
XIANDAI YINGYONGWEN XIEZUO SHICAO JIQIAO
卢雪梅　编著

出版发行：知识产权出版社 有限责任公司	网　　址：http:// www.ipph.cn
电　　话：010 — 82004826	http:// www.laichushu.com
社　　址：北京市海淀区气象路50号院	邮　　编：100081
责编电话：010 — 82000860 转 8582	责编邮箱：laichushu@cnipr.com
发行电话：010 — 82000860 转 8101	发行传真：010 — 82000893
印　　刷：北京中献拓方科技发展有限公司	经　　销：新华书店、各大网上书店及相关专业书店
开　　本：720mm×1000mm　1/16	印　　张：13.25
版　　次：2023 年 7 月第 1 版	印　　次：2023 年 7 月第 1 次印刷
字　　数：230 千字	定　　价：68.00 元
ISBN 978-7-5130-8834-3	

应用文又称为实用文，是为实用而作之文。随着现代社会的不断进步、国内外经济的高速发展、现代劳动就业结构的急剧变革，具有实践能力和综合职业能力的素质技能型人才备受用工单位青睐，作为与综合素质、职业技能紧密相关的应用文写作，也必须适应现代经济发展和社会进步需要。

为提高应用文写作的针对性、适应性、时代性，真诚帮助学习者提高写作动手能力，笔者多次对部分规模以上企业单位和事业单位、不同需求群体进行了多方调研，并结合应用文写作的实践性、实用性、综合性、工具性等特点，编著了《现代应用文写作实操技巧》，旨在服务大众、服务社会。

本书对于应用文写作实操技巧的介绍，不是只停留在理论知识层面，而是结合现代应用文写作实践性强、综合性强的特点，强调应用、实用、适用，强调理论够用、实操为重，强调实践型、实干型，强调学练结合、理实一体，突出职业第一、实干巧干，努力适应劳动就业与创新创造需要。

本书共分八章：第一章为绪论，第二章为日常类，第三章为事务类，第四章为公文类，第五章为礼仪类，第六章为宣传类，第七章为经济类，第八章为法律类。每章分若干节，除第一章外，每节由基础知识、范文实操、实操技巧、实操拓展四个板块组成。笔者结合学习者不同写作需求，主要编著了上述比较常用的应用文写作文体，以努力适应不同年龄结构、文化层次、学习群体的学习需要。

本书在编著过程中，不同程度地参考了各类应用文写作专著，在此，对这些作者深表谢意！同时，对支持本书编著工作的各位同人、朋友深表谢意！

本书在编著过程中，遵照《党政机关公文处理工作条例》（中办发〔2012〕14号）和国家标准《党政机关公文格式》（GB/T 9704—2012）等要求，力求行文规范准确。但是，由于受到纸张型号、页面布局、整体编排等限制，本书的范文实操部分在字体字号、行字数、行间距、落款位置等方面无法做到以A4纸公文排版体式的完美呈现。请广大读者朋友在阅读使用中具体参照《党政机关公文格式》（GB/T 9704—2012）的相关规定。

由于时间仓促，本书并不完美，不当之处在所难免，真心期待同行专家、学者、教师、学生和广大读者多提宝贵意见。致谢！

Contents

目 录

第一章

绪　论

第一节　应用文的沿革

基础知识

一、甲骨卜辞

我国应用文写作已有 3500 余年的历史，历史悠久，源远流长。殷墟出土的甲骨卜辞，商周时期的钟鼎铭文，《周易》中的卦辞、爻辞等，都是应用文的原始形态。所以，如果说神话是中国文学的"祖先"，那么甲骨文则是应用文的"祖先"了。

从殷墟甲骨文中可以发现，其多数是生活、生产中某些事项的记载，主要内容是占卜记录（占卜的时间、原因、应验之类），这是我国最早的实用文。《尚书·序》中说："古者伏牺氏之王天下也，始画八卦，造书契，以代结绳之政，由是文籍生焉。""书契"即文字，"文籍"就是指"实用文"。由此可见，实用文是随着文字产生而产生的，实用文的诞生，结束了人类结绳记事的历史。

《尚书》历来被认为是我国第一部散文总集，但同时也是我国最早的应用文专集。书中记载了虞、夏、商、周四个朝代属于应用文体例的祝词、誓词、诰言、法令等文书，还有反映各诸侯国之间关系的盟约文书等。可以说，从有文字开始，就有了应用文写作。

二、秦汉时期公文

秦汉时期，公文文体分类和公文格式已基本形成，皇帝制作的公文"命曰制，令曰诏"，有了上行文和下行文的区别，臣下向皇帝呈交的文书有：章、表、奏、议，其作用是"章以谢恩，奏以按劾，表以陈情，议以执异"（刘勰《文心雕龙·章表》），皇帝向臣颁发的"圣旨"有：制、诏、策、戒。秦始皇时期对公文格式做了许多具体规定，例如，上行文开头用"臣××言"，结尾用"臣××诚惶诚恐，顿首顿首，死罪死罪"；遇有"皇帝"字样时，另起一行，顶格书写，称为"抬头"。这些有明显等级观念的公文格式，被历代王朝沿用。

三、魏晋南北朝时期公文

魏晋南北朝时期，公文写作代表人物首推曹操、曹丕父子。曹操亲自动手写过不少公文，代表作有《让县自明本志令》《求贤令》等。曹丕的《典论·论文》，把文章分为四科八种："奏议宜雅，书论宜理，铭诔尚实，诗赋欲丽。"这四科八种，多属应用文体。南朝梁人刘勰的《文心雕龙》中，把文章分为33类，其中属于应用文的就有21类。这些著作，为后世研究应用文体提供了重要理论依据。

四、唐宋明清时期的应用文

唐宋时期，文学创作日趋发展，不少文人致力于诗、词、曲、小说的创作，但应用文写作仍处在"政事之先务"的主导地位，并产生了许多"应用文"精品。如唐代韩愈的《祭十二郎文》，刘禹锡的《陋室铭》，魏徵的《谏太宗十思疏》；宋代欧阳修的《答吴充秀才书》，王安石的《答司马谏议书》，李清照的《金石录后序》。

明清时期，文体分类日趋详细、繁杂，并走向成熟，佳作较多。如明代宗臣的《报刘一丈书》，清代林觉民的《与妻书》。

应用文的提出：清代学者刘熙载正式提出"应用文"这一名称。他在《艺概·文概》中说："辞命体，推之即可为一切应用之文。应用文有上行、有平行、有下行。重其辞乃所以重其实也。"

五、辛亥革命之后的政府公文

1911年，辛亥革命爆发，推翻了清王朝，结束了长达两千年的封建统治，中国进入了一个新的历史阶段。巨大的社会变革，必然推动应用文的发展。

1912年，南京临时政府正式宣布废止几千年的体制，并颁布了《内务部颁发公文程式咨各部文》，规定政府公文为令、谕、咨、呈、示、公布、状等；取消了"老爷""大人"等称呼，代之以"先生"或以职务相称。1916年7月，北洋政府颁布《公文程式》，细化了公文种类，公文种类由原来的7种增加到13种，并明确规定"凡处理公事之文曰公文"，对公文概念作出了明确界定。

六、中华人民共和国成立以后的现代公文

中华人民共和国成立以后，应用文有了长足的发展，并逐步建立起现代应用文体制。1951—1981年，党和政府先后发布了10多个关于机关公文写作的文件，使公文写作逐步走上了规范化、科学化、系统化的道路。1987年，国务院办公厅公布了《国家行政机关公文处理办法》。1996年5月3日，中共中央办公厅颁布了《中国共产党机关公文处理条例》，规定了党的机关公文共14种；国务院于2000年8月24日发布《国家行政机关公文处理办法》，规定了

行政机关公文共 13 种；2012 年 4 月 16 日，中共中央办公厅、国务院办公厅联合发布了《党政机关公文处理工作条例》(中办发〔2012〕14 号)，条例自 2012 年 7 月 1 日起施行，标志着我国应用文写作进入了一个崭新的阶段。

实操拓展

1.什么是结绳记事？为什么说实用文的诞生，结束了人类结绳记事的历史？

2.唐宋时期的应用文精品有哪些？唐宋八大家中有几位？

3.谈谈辛亥革命之后的政府公文，在称呼上有何变化？

4.《党政机关公文处理工作条例》由谁发布？何时开始施行？

第二节　应用文概述

基础知识

一、概念

香港学者陈耀南说，应用文就是"应"付生活，"用"于实务的"文"章。它是国家机关、社会团体、企事业单位和个人在处理公私事务、交流信息、表述意愿时所使用的具有实用价值和某种惯用体式的文体。上至中央机关，下至基层单位，都在使用应用文。随着社会的发展和科学技术的进步，应用文发挥着越来越重要的作用。

二、作用

1.宣传教育作用。宣传党的方针政策，对个人和组织作出道德行为规范，树立良好的社会形象。

2.权威规范作用。应用文是行政管理的工具。党和国家的各级组织，都是通过公务文书来传达方针政策、意见办法的，具有领导和规范作用。

3.沟通协调作用。上级机关可以通过批复、命令等公文下达指令；下级机关可以通过报告、请示等公文报请有关事项；企事业单位和人民群众可以通过各种专用书信、函件等应用文来沟通思想、传递信息、加强联系。

4.依据和凭证作用。应用文是单位、团体履行职责、开展公务活动的真实记录，一旦阅办完毕，立即立卷归档，是宣传政策、指导工作、规范行为、沟通信息的凭证和依据。

三、分类

日常、事务、礼仪、公文、宣传、经济等文书。

四、特点

1.实用性强。重点在于解决实际问题，具有很强的实用性。

2.真实性强。反映的情况、问题必须客观存在；传达的上级指示、指令必须准确无误，不能经过任何艺术加工。

3.针对性强。根据不同的领域、具体业务、行文目的，选用不同的文种。

4.时效性强。在传递信息、解决实际问题方面追求高效率，讲究时效性。必须及时发文，否则就失去其实用价值。

5.建构的模式性。应用文有其惯用的体式和主体风格，有些是约定俗成的，有些是由国家统一规定的。模式化的结构，是为了提高办事效率，更好地发挥它的工具作用。

五、学习的意义

1.提升素养。能够提高听、说、读、写能力，提高自身基本文化素养。

2.优化知识结构。能够开阔视野、优化结构，使知识能力结构更加合理。

3.增强应变能力。能够提高逻辑思维、文字表述、言语交际等方面的能力。

六、学习的方法

1.大量阅读范文。阅读和借鉴范文是提高应用文写作能力的一条重要途径，通过阅读和借鉴，能够增强感性认识，并从中领悟出写作方法。

2.坚持多写多练。叶圣陶先生说："要把写作的手腕训练到熟练，必须常常去写，规规矩矩去写。"提高写作能力，最根本的途径，就是坚持多写多练。

实操拓展

1.什么是应用文？应用文的作用有哪些？

2.学习应用文有什么意义？正确的学习方法是什么？

第三节 应用文写作基础

 基础知识

一、材料

1. 材料的概念。材料是指作者为了撰写目的而搜集的能够表现文章主题的事实或论据。

2. 材料获取的渠道。一般通过深入调研、学习培训、查阅文献、日常积累来获得。

3. 材料的选择。有了材料，并不是把所有的材料都写入文章，只有那些能够证明或说明主题的材料需要留存，其他的都应该舍弃。

二、主题

主题又称主旨，是作者通过文章的具体材料所表达的中心思想或基本观点。主题是文章的灵魂，决定着文章的质量。应用文的主题形成，往往是"意在笔先"，即根据应用文的撰写目的而确定，根据撰写目的搜集材料、占有材料和选择材料。

应用文对主题的要求：正确、集中、深刻、鲜明。

三、语言

1. 语体风格。直接性、专业性、模式性。

2. 文体与语体的对应关系。

文体	语体	写作目的	语言特征
文学（记叙文）	文艺	感人以形，动人以情	形象性
政论文	政论	晓人以理，导人以行	逻辑性
说明文	科技	给人以知，教人以用	科学性
应用文	事务	应付生活，用于实务	实用性

3. 语言特点。

（1）庄重。"板起面孔说话"。使用书面语，不用或少用口语、俗语，使用标准语言，忌滥用文学语言。语言实在，言之有物。

（2）平实。"少做作，勿卖弄"。言之有理，朴素无华，写作态度要诚实。

（3）明确。"不故作高深"。不生造词语，不写错别字，正确使用标点。用语慎审周密，分寸得当，注意前后照应，避免互相矛盾。使用数字说明问题，必须做到准确无误。

（4）简约。"简而不遗不漏，约而不失一词"。从特定目的、对象出发，根据需要运用各种俭省的表述方法，言简意赅。

四、表达方式

1.表达方式：是指撰写文章所采用的具体表述方法和形式。应用文最常用的表达方式是记叙、说明、议论。

2.专门用语。

（1）称谓词，即表示称谓关系的词。在应用文中，称谓词涉及机关或个人时，一般应直呼机关全称或规范化的简称，以及对方的职务或"××同志""××先生"。在表述指代关系的称谓时，一般用下列专门用语。

第一人称："本""我"，后面加上所代表的单位简称，如：部、委、办、厅、局、厂或所等。

第二人称："贵""你"，后面加上所代表的单位简称。一般用于平行文或涉外公文。

第三人称："该"，在应用文中使用广泛，可用于指代人、单位或事物，如"该厂""该部""该同志""该产品"等。"该"字在文件中正确使用，可以使应用文简明、语气庄重。

（2）领叙词，是用以引出应用文撰写的根据、理由或应用文的具体内容的词。领叙词在应用文中出现的频率较高，一般借助领叙词使应用文写得开宗明义。常用的有：根据、按照、为了、接……、前接或近接……、遵照、敬悉、惊悉……、收悉……、为……特……、现……如下。应用文的领叙词多用于文章开端，引出法律、法规及政策、指示的根据或事实根据，也有的用于文章中间，起前后过渡、衔接的作用。

（3）追叙词，是用以引出被追叙事实的词。应用文中有时需要简要追叙一下有关事件的办理过程，为使追叙的内容出现得自然，常常要使用一些追叙的词语，如：业经、前经、均经、即经。在使用时，要注意上述词语在表述次数和时态方面的差异，以便有选择地使用。

（4）承转词，又称过渡用语，即承接上文转入下文时使用的关联、过渡词语，用于陈述理由及事实之后引出作者的意见和方案等。这种词语不仅有利于文辞简明，而且起到前后照应的作用。主要有：为此、据此、故此、鉴此、综上所述、总而言之、总之。

（5）祈请词，又称期请词、请示词，用于向受文者表示请求与希望。主要有：希、即希、敬希、请、望、敬请、烦请、恳请、希望、要求。目的在于使机关之间相互尊重、团结协作，从而建立正常的工作关系。

（6）商洽词，又称询问词，用于征询对方意见，具有探询语气。主要有：是否可行、妥否、当否、是否妥当、是否可以、是否同意、意见如何。这类词语一般在公文的上行文、平行文中使用，在使用时要注意确有实际的针对性，即在确需征询对方的意见时使用。

（7）受事词，即向对方表示感激、感谢时使用的词语。如"蒙、承蒙"属于客套语，一般用于平行文或涉外的公文。

（8）命令词，即表示命令或告诫语气的词语，用以增强公文的严肃性与权威性，引起受文者的高度注意。表示命令语气的语词有：着、着令、特命、责成、令其、着即。表示告诫语气的词语有：切切、毋违、切实执行、不得有误、严格办理。

（9）目的词，即直接交代行文目的的词语。人们撰写应用文尤其是公文都有明确而具体的目的，须有针对性地使用简洁的词语加以表述，以便受文者正确理解并加速办理。

用于上行文、平行文的目的词，还须加上期请词，如：请批复、函复、批示、告知、批转、转发。用于下行文，如：查照办理、遵照办理、参照执行。用于知照性的文件，如：周知、知照、备案、审阅。

（10）表态词，又称回复用语，即针对对方的请示、问函，表示明确意见时使用的词语。如：应、应当、同意、不同意、准予备案、特此批准、请即试行、按照执行、可行、不可行、迅即办理。在使用上述词语时应对公文中的下行文和平行文严加区别。

（11）结尾词，即置于正文最后，表示正文结束的词语。用以结束上文的词语，如：此布、特此报告、通知、批复、函复、函告、特予公布、此致、谨此、此令、此复、特此。

再次明确行文的具体目的与要求，如：……为要、……为盼、……是荷、……为荷。

表示敬意、谢意、希望，如：敬礼、致以谢意、谨致谢忱。

使用这些专门用语，可以使文章表述简练、严谨并富有节奏感，从而赋予应用文庄重、严肃的色彩。

五、写作过程

1. 准备。勤于调查研究，平时积累。
2. 构思。主旨、材料、布局、取舍。
3. 表达。选体式、选方法、选词句。
4. 修改。文种、要点、表述、标点。

六、应用文的读者

1. 读者类型：法定、普通、专业。
2. 读者阅读特点：功用性、实践性、撮要性。
3. 读者阅读心理：求真务实、"有用"为本、渴望尊重、喜简尚新。

实操拓展

一、请阅读以下散文并回答问题

曲曲折折的荷塘上面，弥望的是田田的叶子。叶子出水很高，像亭亭的舞女的裙。层层的叶子中间，零星地点缀着些白花，有袅娜地开着的，有羞涩地打着朵儿的；正如一粒粒的明珠，又如碧天里的星星，又如刚出浴的美人。微风过处，送来缕缕清香，仿佛远处高楼上渺茫的歌声似的。这时候叶子与花也有一丝的颤动，像闪电般，霎时传过荷塘的那边去了。

1. 请问：这是谁的作品？篇名是什么？
2. 请谈一谈以上散文的表达方式。

二、请阅读以下应用文并回答问题

北伐战争前夕，国民革命军总司令部在广州请瞿秋白先生给全军政工人员作报告。与会者对他的演讲早有耳闻，都把他的这次演讲当成难得的学习机会，准备详细记录。然而出人意料的是他走上讲台只说了一句话："宣传关键是一个'要'字，鲁智深三拳打死镇关西，拳拳打在要害上。"一句话，26个字，当他走下讲台时，全场愕然。寂静了几秒钟后，人群中爆发出雷鸣般的掌声。

1. 瞿秋白的"26"字演讲精彩吗？请说出理由。
2. "26"字演讲符合应用文语言的特点吗？对号入座哪一条最合适？

三、请阅读以下说明书并回答问题

西瓜，这种夏令佳品，历来为人们所喜爱。宋代范成大有诗曰："碧蔓凌霜卧软沙，年来处处食西瓜。"清人纪晓岚赞美它道："凉争冰雪甜争蜜，消得温暾倾渚茶。"据《本草纲目》记载:唐五代时期,有人从西北带回瓜种。取名西瓜,表示来自西边。从此全国各地都种,至今已有1500多年的历史。

1.这则介绍西瓜的说明书,语言表述有问题吗?

2.请以说明书的写作形式,介绍一下家乡的优质西瓜。

第二章

日常类

第一节 借条 欠条

基础知识

一、概念

借条是指借个人或单位的现金或物品时写给对方的凭据。

欠条是指个人或单位在欠款、欠物时写给对方的凭据，也称"白条"。

二、法律效力

借条、欠条都具有法律效力。

三、根本区别

1.法律关系不同。借条一般反映为法律上的借款合同关系，是借款合同的凭证；而欠条往往是当事人之间的一个结算，是一种比较纯粹的债权债务关系。

2.产生的原因不同。借条一般基于借款事实；但欠条则可能是多种法律关系产生的后果，如买卖、服务等。

3.诉讼的时效不同。借条的有效期是 3 年，从借条约定的借款期限届满后开始计算，最长不超过 20 年。诉讼时效期间自权利人知道或者应当知道权利受到损害以及义务人之日起计算。但是，自权利受到损害之日起超过 20 年的，人民法院不予保护，有特殊情况的，人民法院可以根据权利人的申请决定延长。欠条的有效期是 3 年，从欠条约定的还款期限届满后开始计算。主张债权要在 3 年内主张。

4.举证责任不同。举证时，借条持有人一般只需向法院简单陈述借款的事实经过即可；欠条持有人必须向法院陈述欠条形成的事实，如果对方否认，欠条持有人必须进一步举证，证明前因后果。

四、写作要求

1.因牵扯法律问题，字里行间必须紧凑，不能留有多余空间，以免被人有机可乘。

2.在借条及欠条中，必须体现借款人和欠款人的身份证信息，避免不必要的民事纠纷。签名时，在核实对方身份证信息的前提下当面书写，以防假冒；拒绝其他人代签，以免还款时借款人或欠款人拒绝承认。

3.拒绝任何涂改，拒绝使用容易产生歧义的语言，语义必须简洁单一，避免言多必失。还款时间直接关系到诉讼的时效问题，不能含糊其词，必须准确无误。准确表述借款利率或直接表述应支付利息的金额，不能漏写或写错，避免造成损失。

4.书写时人民币必须大小写齐全，不得出现错误，借款时间为借款当日。数额巨大的借贷或欠账行为，不宜使用条据类，应该选择合同等法律应用文。

五、人民币标准大写及小写

大写：零、壹、贰、叁、肆、伍、陆、柒、捌、玖、拾、佰、仟、万。

小写：￥0.00、￥1.00、￥2.00、￥3.00、￥4.00、￥5.00、￥6.00、￥7.00、￥8.00、￥9.00、￥10.00、￥100.00、￥1000.00、￥10 000.00。

范文实操 1

借 条

今借到李××人民币壹万元整（￥10 000.00），借款期限为：××××年3月1日—××××年8月31日，借期6个月，月利率8‰，借款本息于××××年8月31日一次性还清。

此据

借款人：王××
××××年××月××日

范文实操 2

欠 条

今欠××市喜来顺餐厅餐费叁仟元整（￥3000.00），××××年12月30日之前结清。

此据

欠款人：刘××
××××年××月××日

实操技巧

一、标题

在首行居中写"借条"或"欠条"。

二、正文

写借款或欠款金额、利息、还款时间等具体内容。

三、落款

在正文右下方签署借款人及欠款人姓名，并另起一行在相对应位置注明借款及欠款时间。

实操拓展

一、基础知识

1.什么是借条？什么是欠条？借条和欠条的根本区别是什么？

2.借条和欠条的写作要求是什么？借条和欠条的内容可以涂改吗？

二、请分析材料并回答问题

1.丁某向周某借款 2000 元，周某自己将借条写好，丁某看借款金额无误，遂在借条上签了名字。后周某持丁某所签名欠条起诉丁某归还借款 12 000 元。丁某欲辩无言。后查明，周某在 2000 前面留了适当空隙，在丁某签名后，便在 2000 之前加了"1"。

回答问题：借条可由别人代写吗？书写数字时应该注意什么？只写小写对吗？为什么？

2.李某向孙某借款 10 000 元，约定利息为年息 2%。在出具借据时，李某写道：今借到孙某现金 10 000 元。孙某考虑双方都是熟人，也没有坚持要求把利息写到借据上。后孙某以李某出具的借条起诉要求还本付息，人民法院审理后以《中华人民共和国民法典》第 680 条"借款合同对支付利息没有约定的，视为没有利息"的规定，驳回了孙某关于利息的诉讼请求。

回答问题：法院为何驳回孙某关于利息的诉讼请求？口头约定有法律效力吗？为什么？

3.王某向张某借款 10 000 元。在张某要求王某书写借条时，王某称到外面找纸和笔写借条，离开现场，不久返回，将借条交给张某，张某看借条数额无误，便将 10 000 元交给王某。后张某向王某索款时，王某不认账。张某无奈起诉至法院，经法院委托有关部门鉴定笔迹，确认借条不是王某所写。后经法院查证，王某承认借款属实，借条是其找别人仿照自己笔迹所写。

回答问题：写借条时借款人能离开现场吗？其他人代写的借条有法律效力吗？为什么？

4.李某向朋友张宗祥借款 2 万元，并打下借条，约定一年后归还欠款及利息。想不到李某在书写借条时玩了个花招，故意将"张宗祥"写成"张宗样"。张宗祥当时也没有注意。到还款期后，张宗祥催要借款，谁知李某却以借条名字不是张宗祥为由不愿归还。无奈之下，张宗祥将李某告到法院。尽管法院支持了张宗祥的主张，但张宗祥也因此付出了代价。

回答问题：借条中的名字若有一字之差，可以忽略不计吗？可以用草体吗？为什么？

第二节　收条　收据

基础知识

一、概念

收条即收到交来的钱或物，写给送交者的作为凭据的条子。

收据是企事业单位在经济活动中使用的原始凭证。主要是指盖有财政等部门票据监制章的收款凭证，用于行政事业性收入，即非应税业务。

二、种类

收条，即"白条"的一种。

收据可以分为内部收据（单位内部监制）和外部收据（财政等部门监制）。

三、根本区别

1.收条一般是民间或个人之间书立的收讫凭据，而收据则更多用于个人与单位或单位之间书立的收讫凭据。

2.收据与日常生活中所说的"白条"不能画等号，收据也是一种收付款凭证。

3.一般没有使用发票的场合，都应该使用收据，收据是重要的原始凭证。

四、法律效力

收条、收据具有法律效力，一般诉讼时效为 3 年。

五、使用范围

1.收条多用于民间个人往来。

2. 原来借钱物或欠钱物的一方将所借、所欠的钱物还回时，借出方不在场，由他人代收时应写代收条。

3. 个人向单位或团体上缴有关费用或财物时，对方须开具正式收据，以示证明。

4. 单位与单位之间的钱物往来，使用国家财政等部门统一印制的正式收据。

5. 单位或个人在收付款时使用自制收据，即"白条"，不能作为凭证入账。

六、写作要求

1. 务必清点好收到的钱物的具体数额，书写准确，不得涂改。

2. 替别人代收时，应在题目中使用"代收到"字样，并在文尾署名时写上"代收人"。

3. 语言简单、篇幅短小、表述完整。

4. 与单位交往，务必使用正式收据。

范文实操 1

收　据

今收到 ×× 省 ×× 市叶 ×× 同志交来购买 ×× 市幸福路嘉和小区 ×× 栋 3 单元 202 室首付款捌万元整（¥80 000.00）。

此据

×× 房产 ×× 公司（公章）

×××× 年 ×× 月 ×× 日

范文实操 2

收　条

今收到 ×× 省 ×× 市延安南路 ×× 小区 36 栋 1 单元 303 室张 ×× 地暖设施改装款壹万元整（¥10 000.00）。

此据

收款人：桑 ××

×××× 年 ×× 月 ×× 日

实操技巧

一、标题

在首行居中写"收条"或"收据"。

二、正文

写"今收到"及收到的钱物的数量、物品的种类、规格等情况。

三、落款

在正文右下方写收到钱物的单位、个人的名称或姓名，并另起一行在相对应位置注明收钱物的时间，公务往来应加盖公章。

实操拓展

1.什么是收条？什么是收据？收条和收据的区别是什么？

2.收条和收据的写作要求是什么？收条和收据的内容可以涂改吗？

第三节　请假条

基础知识

一、概念

请假条是请求领导、老师或其他人准假，不参加工作、学习等活动的文书。

二、特点

事前性、真实性、规范性。

三、意义

1.运用广泛，但是出错率极高，必须练好基本功。

2.实用性极强，但是书写问题较多，必须加强学习。

四、类型

1.病假。

2.事假。

3.休假。

五、写作要求

事前行文，实事求是，格式规范，简明扼要。

范文实操 1

请假条

冯老师：

　　昨晚我突然腹泻，身体乏力，经医生诊断为急性肠炎，需要休息两天，请予批准。

　　附件：××市人民医院疾病证明书一张。

　　此致

敬礼

请假人：张××

××××年××月××日

范文实操 2

××××有限责任公司员工请假条

请假人		部门			岗位	
请假时间	由　年　月　日 至　年　月　日 共计：　天	请假事由： 申请人：　年　月　日				
请假类别	□事假　　□病假　　□探亲假　□婚假 □产假　　□丧假　　□其他：		部门领导 意　见			
主管领导 意　见			公司领导 意　见			
考勤核定 （销假时填写）	实际请假：　　天 销假时间：　年　月　日 （签名）：		备　注			

　　1.根据员工请假制度，总公司正职领导请假，由总公司上级领导批准；总公司副职领导请假，由总公司正职领导批准；部门领导请假，由主管领导批准。

2.员工请假在3日（含3日）以内，由部门领导审批；3日以上由部门领导签署意见，报主管领导审批；半个月以上由主管领导签署意见，报总公司领导审批。

3.因病请假者须提供医院有效证明。

4.此审批单经有关领导审批后，留存请假人所在部门作为考勤依据；请假人于上班当天到所在部门销假。

××××有限责任公司员工请假条留存联
（部门留存）

请假人		部　门		职　务	
请假时间	自　　年　月　　日至　　年　月　　日 共计：　　天			请假类别	
审批结果					
考勤核定	实际请假：　　天；销假时间：　　年　月　日				

（此联由请假人所在部门留存）

实操技巧

一、标题

首行居中写"请假条"。

二、抬头

顶格写称呼，如：张老师。

三、正文

1.陈述事实。准确表述请假原因及请假时间等。

2.敬语。礼貌用语，如空两格写此致，顶格写敬礼。

四、落款

在正文右下方，签署请假人姓名及请假时间。

实操拓展

1.学习请假条的意义是什么？请假条等同于留言条吗？

2.请结合以下材料，为自己写一则请假条。

本人因休探亲假，于××××年12月10日回到原籍××市。原计划于××××年12月24日返回单位，12月25日正常上班。12月23日，××市普降暴雪，大部分地区道路堵塞，交通受阻，班车已全部延后。

第四节　申请书

基础知识

一、概念

申请书是个人及组织向上级单位或有关部门提出请求时所使用的一种专用文书。

二、特点

单一性、请求性、规范性。

三、类型

1.思想政治方面。为加入某些进步的党派团体所写的申请，如申请加入中国共产主义青年团、少先队、中国共产党、工会、参军等。

2.工作学习方面。为解决工作学习中实际问题所写的申请，如入学、带职进修、工作调动等。

3.日常生活方面。为解决日常生活中吃穿住行等问题所写的申请，如申请福利性住房、困难补助等。

四、写作要求

内容单纯，一事一议，实事求是，简明扼要，朴实诚恳。

范文实操 1

困难补助申请书

学院资助中心：

　　我叫×××，系××××级××分院××××专业的学生，特向学院申请困难补助。

　　我家6口人，上有年迈患病的爷爷、奶奶，下有仍在上学的妹妹，一家人全靠父母外出打工维持生计。今年2月，母亲不幸摔伤，家庭经济愈加困难。为保证本人继续完成学业，特申请困难补助，望批准。

　　此致

敬礼

申请人：×××

××××年××月××日

范文实操 2

入党申请书

敬爱的党组织：

　　我志愿加入中国共产党。

　　中国共产党是中国工人阶级的先锋队，是中国各族人民利益的代表，是中国社会主义事业的领导核心。中国共产党始终代表中国先进生产力的发展要求、始终代表中国先进文化的前进方向、始终代表中国最广大人民的根本利益。党的最终目标，是实现共产主义。中国共产党以马列主义、毛泽东思想为自己的行动指南，领导和团结全国各族人民，进行社会主义经济建设，为实现富强、民主、文明的社会主义现代化强国而奋斗。

　　我是一名大三学生，在党的培养教育下，学习了一些马列主义理论，逐渐形成了自己的世界观、人生观和价值观。人生价值分为两种，即自我价值与社会价值。自我价值即索取大于贡献，而社会价值则是贡献大于索取。我知道这两种价值对人生有重大的影响力，更坚信社会价值才是衡量人生价值的标准，我渴望实现社会价值，渴望报效国家，渴望奉献社会。

　　入学以来，在不断追求思想进步的同时，我时刻牢记自己是一名当代大学生。学生应以学习为主，兼学别样。一方面要接受爱国主义、集体主义、社会主义的思想教育，树立正确的世界观、人生观和价值观；另一方面必须努力学习科学文化知识，掌握现代科学技术，做一名德智体美劳全面发展的好学生。为此，我刻苦学习专业知识，积极进取；同时，抓紧课外时间，及时充电，拓宽眼界，努力把自己培养成为"高技能"的"实用型"人才，将来为祖国社会主义现代化事业作出贡献。

　　作为祖国年轻的一代，我们肩负着时代赋予的历史使命。当前，在复杂的国内外形势下，中国共产党正带领全国各族人民实现伟大的中国梦，在这个历史新时期，更需要增添德才兼备的新鲜血液。只有这样，我们的事业才会后继有人；只有这样，我们的党、我们的国家才能永远立于不败之地。为此，我渴望加入中国共产党。

在今后的学习及工作中，我将以共产党员的标准严格要求自己，自觉接受党组织的教育，努力克服缺点，弥补不足。首先在思想上入党，进而在组织上入党。

请党组织在实践中考验我。

此致

敬礼

申请人：×××

××××年××月××日

实操技巧

一、标题

在首行居中写申请书的具体名称，如"入党申请书"。

二、称呼

称呼也叫"抬头"，在标题下空一行顶格处，写接收申请书的组织、机关、团体、单位的名称或有关负责同志的姓名。如"××团支部""××工商联""××同志""尊敬的××先生"等。名称后面加冒号，表示下面有话要说。

三、正文

1. 开头。申请的事项，如"我志愿加入中国共产党"。

2. 主体。申请的理由，如"中国共产党是中国工人阶级的先锋队……进而在组织上入党"。可以分段、分层次来写。

3. 结尾。表达愿望，如"请党组织在实践中考验我"。

4. 敬语。礼貌用语，如另起一行空两格写"此致"，下一行顶格写"敬礼"。

四、落款

在正文右下方签署申请单位的名称或申请人的姓名，并另起一行在相对应位置注明申请时间。

实操拓展

1. 什么是申请书？写作要求是什么？

2. 申请书写作结构由几部分组成？请具体说明。

第五节　倡议书

基础知识

一、概念

倡议书是个人或集体公开提倡某种做法，倡导某项活动，向群众公开提出一些奋斗目标、先进措施或行为准则，鼓动别人响应或共同完成某项任务时所运用的一种专用书信。

二、特点

群众性、倡议对象的不确定性、公开的号召力。

三、类型

个人倡议、集体倡议。

四、写作要求

依法倡议，切实可行，文字简洁，感情真挚，富于号召力。

范文实操 1

倡议书

各位游客朋友们：

欢迎您来到久负盛名的 ×× 胡杨林。胡杨树是内陆干旱半干旱地区所独有的树种，在我国史籍中被称为胡桐或梧桐，维吾尔语叫"托克拉克"，意为"最美丽的树"。胡杨树是"沙漠英雄树"，×× 地区是世界现存天然胡杨林的故乡，为保护好我们身边的胡杨林，特发出如下倡议：

一、凡进入胡杨林景区的游客，必须严格遵守景区管理规定，严禁吸烟、取土、生火、攀折枝叶、狩猎、砍伐树木。

二、严禁乱扔垃圾、随地吐痰、随地大小便、污染环境。

三、严禁在树干、树根上题刻姓名，做纪念性记号、符号。

四、自己动手，清理垃圾，对破坏景区环境者予以制止。

五、做文明游客，不大声喧哗，不酗酒滋事，不破坏生态平衡。

六、每年11月第一个星期日为景区"环保日",组织户外志愿者清理垃圾、打扫卫生。

朋友们,让我们行动起来,从现在做起,从小事做起。

倡议人:×××

××××年××月××日

范文实操2

创建节水企业倡议书

全体员工:

上善若水。水是生命之源、生产之要、生态之基。您知道地球上有多少水吗?在全球水资源中97.5%为咸水,只有2.5%为淡水,而这2.5%的淡水中,真正能够利用的只有0.26%。全球目前有11亿人生活在缺水中。我们所处的××地区属于干旱缺水地区,如果没有水,我们的企业将无法生存。我们应该密切关注社会,关注企业,心忧天下,爱水护水。在此,特向全体员工发出倡议:创建节水企业,珍爱美好家园。

一吨水大约可供炼钢150千克,发电每小时1000度,生产化肥500千克,织布220米,磨面粉34袋。让我们为自己的企业,为自己的家园,从小事做起,节约每一滴水。平时无论您在宿舍还是在车间,请洗手用小水,关掉别人忘关的水龙头,停水时拧紧阀门;洗澡搓背时切记关水,不要长流水;用洗菜的水浇花、浇树、洒扫;用洗衣服的水擦灰、拖地、冲马桶。如果我们人人节约每一滴水,必将"滴水成河"。

节约用水,让我们携手创建节水企业!

××××食品有限责任公司

××××年××月××日

实操技巧

一、标题

在首行居中写倡议书的具体名称,如"创建节水企业倡议书"。

二、称呼

称呼也叫"抬头"，在标题下空一行顶格处，写读倡议书的单位或个人，如"全体员工"。名称后面加冒号，表示下面有话要说。

三、正文

1. 开头。写倡议的理由，如"水是生命之源"等。

2. 主体。写具体做法，如"请洗手用小水"等。

3. 结尾。表达愿望，如"节约用水，让我们携手创建节水企业"等。

四、落款

在正文右下方签署发倡议的单位的名称或个人的姓名，并另起一行在相对应位置注明发倡议的时间。

实操拓展

1. 什么是倡议书？特点是什么？

2. 请结合以下内容，写一则关于绿水青山就是金山银山的倡议书。

"天人合一""尊重自然""顺应自然""人是大自然的一部分"等理念，是中华优秀传统文化的重要组成部分。

绿的世界的内涵是绿色意识与绿色产业的共融体，是高度物质文明的外在表现，是可持续发展的不竭动力。其主要内容是：营造满目青山、茫茫林海的天然林保护工程；管护大森林、经营绿色产业的管护承包责任制；发展绿色产品及绿色生态旅游等。

第六节　求职信

基础知识

一、概念

求职信是一种用来自我推销以谋取某个职位的专用书信。

二、特点

1. 精练性。

2. 针对性、竞争性、真实性、自荐性。

三、类型

1. 按载体和版式可分为：电子求职信和普通求职信，其中电子求职信最为常用。

2. 按求职者的社会成分分为：毕业生求职信，下岗、待业人员求职信，在岗者求职信。

四、写作要求

1. 重点突出，简明扼要。目的明确，一页为限，30 秒内读完。

2. 实事求是，讲究诚信。以事实为依据，不弄虚作假，信息准确无误。

3. 讲究礼貌，态度诚恳。文面整洁，杜绝错别字，使用敬语，切忌口出狂言。

范文实操 1

求职信

尊敬的经理先生：

您好！

贵公司为拓展新领域，实现管理现代化，特向社会公开招聘高中级管理人才，其中需要招聘文秘人员 3 名，这使我怦然心动。

我是 ×××× 职业技术学院文秘专业 ×××× 届毕业生，学历符合贵公司招聘要求，专业对口。在校期间，我曾担任学院文宣部部长，能独立使用办公自动化设备完成写作任务，具备一定的应用写作能力。我喜欢文学创作，曾在校刊《家园》杂志上发表作品 5 篇，具备一定的文学素养。如果我是一个幸运者，有幸被录用，我将服从领导，虚心学习，尽快熟悉工作，为公司的兴旺发达竭尽绵力。

谨祝工作顺利！

高 ×× 谨上

×××× 年 ×× 月 ×× 日

附：求职简历 1 份　成绩单 1 份　文秘资格证复印件 1 份

联系电话：136×××××××　QQ：××××××

范文实操 2

求职信

尊敬的领导：

　　您好！

　　我叫李××，是××××职业技术学院旅游管理专业的一名学生，即将毕业。从××人才网上得知贵公司招聘导游，心之向往。现将个人情况介绍如下。

　　我的能力：系统地学习了旅游管理专业及辅修专业的理论知识与实践技能，曾在××××旅游公司顶岗实习，具备一定的动手能力。

　　我的荣誉：××××年4月—10月，在××××旅游公司顶岗实习期间，被评为优秀实习生。××××年荣获学院一等奖学金。

　　我的特长：酷爱书法，是分院书法社社长。

　　我的经历：××××年至今，在××××职业技术学院旅游管理专业学习并毕业。

　　我的性格：内敛文静，锲而不舍。

　　我热爱旅游事业，非常渴望成为贵公司一名员工。如蒙贵公司接纳，将努力工作，恪尽职守。敬请回复，渴盼佳音。

　　祝您身体健康，万事如意！

×××敬呈

××××年××月××日

附：1.求职简历；2.毕业成绩单；3.证书复印件

联系电话：189××××××××　　E-mail：××@126.com

实操技巧

一、标题

在首行居中写"求职信"三个字。

二、称呼

称呼也叫"抬头"，在标题下空一行顶格处，应用尊称，如"尊敬的领导"等。

三、正文

1.开头。写个人基本情况，简明扼要，如姓名、就读学校、专业名称、何时毕业等。

2.主体。写个人所具备的专业条件，专业能力是核心，如专长、实践能力等。

3.结尾。表达诚意，希望被录用，态度应诚恳，如"有幸被录用"等。

4.敬语。表达敬意或祝愿，如"此致""敬礼""祝您工作顺利"等。

四、落款

在正文右下方签署求职人姓名，并另起一行在相对应位置注明求职时间。

实操拓展

1.什么是求职信？特点是什么？

2.以下短文截取的是求职信正文的主体部分，请指出错误，并修改病文。

求职者应聘岗位：出纳

我是一个开朗的女孩，辽阔的草原磨砺出我乐观开朗的性格，辽阔的天空为我插上飞翔的翅膀，我爱笑、爱美、爱生活、爱运动，我兴趣广泛，爱好美术、摄影、文学、体育、舞蹈，是我院排球队和艺术团成员，擅长朗诵、演讲与辩论……

第七节　求职简历

基础知识

一、概念

求职简历又称求职资历、个人履历等，是求职者将自己与所申请职位紧密相关的个人信息经过分析整理，并清晰简要地表述出来的书面求职资料。一般作为求职信的附件同时送呈。

二、特点

1.精练性。重点突出，越短越好，一页为限，20秒内读完。

2.针对性。有的放矢，针对应聘岗位展示专业优势。

3.直接性。直接表述，让人一目了然，切忌冗长拖沓。

4.真实性。客观理性地概括总结个人经历，实事求是。

5.简约性。表格的设计科学合理，重点突出，简单明了。

三、类型

1.从载体和版式上可分为：电子求职简历、普通求职简历，其中电子求职简历最为常用。

2.从求职内容组合上可分为：复合型、时序型、功能型，其中复合型最为常用。

四、写作要求

1.条理清晰。结构合理，重点突出，让招聘者在20秒之内判断出价值。

2.实事求是。真实可信，提到的业绩和能力，必须有证明材料。

3.用词精准。注意措辞，简明扼要，语言流畅。

4.保证质量。反复修改，认真检查，切忌出现错别字。

范文实操

求职简历

<table>
<tr><td rowspan="7">个人情况</td><td>姓　　名</td><td>×××</td><td>性　　别</td><td colspan="2">男</td><td rowspan="4">照　片</td></tr>
<tr><td>籍　　贯</td><td>××省××××市</td><td>出生年月</td><td colspan="2">××××年××月××日</td></tr>
<tr><td>民　　族</td><td>汉</td><td>学　　历</td><td colspan="2">大专</td></tr>
<tr><td>毕业学校</td><td>××××职业技术学院</td><td>专　　业</td><td colspan="2">高级营养与烹饪技术</td></tr>
<tr><td>电子邮箱</td><td>××××××@qq.com</td><td>政治面貌</td><td colspan="2">共青团员</td></tr>
<tr><td>通信地址</td><td colspan="2">××××市高新区××南路60号
邮编：××××××</td><td>联系电话</td><td>手机：138××××××××</td></tr>
<tr><td colspan="6"></td></tr>
<tr><td>求职意向</td><td colspan="6">中餐营养师</td></tr>
<tr><td>基本技能</td><td colspan="6">中级营养师证
计算机水平：全国计算机初级证书，计算机操作熟练，并能独立操作高档酒店营养配菜软件
英语水平：英语B级，具备一定的听说读写能力</td></tr>
</table>

社会实践	××××年3月—6月，在××××市××大酒店顶岗实习
主修课程	营养配餐、保健食谱设计、烹饪工艺美术等课程
获奖情况	××××年获得学院优秀学生 ××××年获得学院优秀学生会干部
教育背景	××××年9月—××××年6月，在××××职业技术学院高级营养与烹饪技术专业就读并毕业
自我评价	阳光开朗，乐于助人，坚定执着，锲而不舍

实 操 技 巧

一、标题

直接写"求职简历"。

二、个人情况

姓名，性别，出生年、月、日，民族，政治面貌，联系地址，电话，手机，E-mail等。

三、求职意向

表明自己应聘的职位。

四、基本技能

说明自己具备的职业资格和技能。

五、社会实践

主要写社会实践经历，注意突出专业实践。

六、主修课程

与应聘岗位相关的主要课程，注意突出专业理论基础。

七、获奖情况

主要写分院或院级以上奖项。

八、教育背景

主要写学习经历。按照学习的时间顺序排列,至最高学历。若表格不够,也可不写。

九、自我评价

简明扼要,一语中的,传递正能量。

实操拓展

1.求职简历的特点是什么?写作要求是什么?
2.结合自身实际情况,拟写一则求职简历。

第八节 实习报告

基础知识

一、概念

毕业实习报告是指学生在毕业某项实习活动中,把实习情况、实习收获体会等,用简洁的语言写成的书面分析报告。

二、特点

完整性、规范性、正确性、有效性。

三、写作要求

1.要具备四要素。实习地点、实习时间、实习目的、实习内容。

2.要重点突出。对主要实习内容要详细记述,特别是一些重要数据,要尽量列举出来。

3.要系统完整。结构完善,客观真实,准确完备,合乎逻辑,层次分明,语言流畅。

范文实操 1

××职业技术学院 ××××分院
××××届毕业生实习报告

毕业实习
报告封面

姓　　名：……………………………………………………
学　　号：……………………………………………………
班　　级：……………………………………………………
实习单位：……………………………………………………
实习时间：××××年××月××日—××月××日
指导教师：………………………×××………………………
职　　称：………………………×××………………………

范文实操 2

××市佳顺商务酒店实习报告

张××

为了能更好地适应严峻的就业形势，毕业后能尽快地融入社会，同时也为自己步入工作岗位打下坚实的基础，××××年3月1日起，按照学院统一安排，我们在××市佳顺商务酒店开展了为期6个月的专业实习活动。

佳顺商务酒店位于××市红星路黄金地段，酒店主楼21层，裙楼3层，营业面积超过1.8万平方米，是按照国际四星级标准设计建造的现代化、智能化商务酒店，是集住宿、餐饮、旅游、休闲、会议等于一体的××市29家高档酒店之一。

我们此次实习的主要目的是通过顶岗实习，初步了解商务酒店客房部的工作流程，基本掌握客房服务员的服务技能。现将实习有关情况报告如下。

一、实习内容及过程

1.安全第一。××××年3月1日到达酒店。报到时，客房部主任特别强调了安全服务的重要性。到酒店的第一天晚上，本人便找来与酒店安全相关的安全规程进行学习，及时学习事故案例，吸取事故教训，举一反三，在心中默默进行了一遍危险源辨识，将查找地毯边缘烟头、检查淋浴设施是否漏电等可能的危险源都在心中梳理了一遍，以便在服务过程中有的放矢。

2.勤学苦练。上岗之前，酒店对我们这一批新人进行了技能培训，主要内容是如何铺好一张床。我们在学院所学是铺西式床，本次培训内容是铺中式床。中式做床法与西式做床法有所不同，要求是：整个铺床过程，包括撤床单、被套、甩单、套被子铺平、三线合一和套枕套等操作，必须在3分钟内完成。为了在一周时间内完成任务，我每天勤学苦练，主要练习了以下项目。

（1）练习拉床体。将床大约拉出距离床头板50厘米，然后检查床垫及床上保护垫是否有污迹或者毛发，毛发是做床的禁忌。

（2）练习铺床单。铺床单大致又可以分为甩单、开单、包角三个小步骤；铺床时应将折叠的床单正面向上（骨缝朝上），使床单的中线不偏离床垫的中心线，床两侧垂下的部分相等，并将床单四个角分别以90°角，塞入床体与床垫中。注意包角方向一致、角度相同、紧密适度、不漏巾角。

（3）练习套被罩。一是固定。先将被芯平铺在床上，再将被罩外翻，把里层翻出，最后将被罩里层的床头部分与被芯的床头部分固定。二是展被芯。两手伸进被罩里，紧握被芯床头的两角，向外翻转，用力抖动，使被芯完全展开，使被罩四角饱满。三是封口。将被罩开口处封好。四是调整中心线。将棉被床头部分与床垫床头部分拉平，使棉被的中心线位于床垫中心线。五是整理床面。将棉被床头部分翻折25°，使整个床面平整、挺括、美观。

（4）练习套枕套。将枕芯装入枕套，使枕套四角饱满，外形平整，并拍松，两只枕头并列斜靠在床板的中间，与床形成45°斜角。

（5）练习推床。将铺好的床向前推进，与床头板吻合，注意铺床的整体效果和美观。

通过反复操练，我的做床速度由刚开始的6~7分钟进步至3分钟内，提前结束了岗前培训，开始了实习工作。

3.扎实工作。客房服务员的首要任务是做好房间的清理工作，以便为客人提供一个整洁的居住环境。走上实习岗位才发现干客房服务员并不是简单地铺床、整理房间，还有很多细节内容。如在工作中如何确认客人的身份、如何收取客人衣物、如何对"勿扰"房间进行排查等。

（1）苦练本领。在客房服务中我苦练"21个字做房程序"——敲、开、放、插、开、查、报、关、通、撤、铺、整、抹、补、吸、检、关、取、送、记、报。"21个字做房程序"，每一个小程序都包含一系列的小步骤。为尽快进入角色，我边服务，边用心体会，尽量使工作状态达到完美。如第一步"敲"，我敲房门时手指微弯曲，以中指第二关节部位，轻敲房门三次，每次三下，每次间隔2~3秒钟，并控制音量；在报身份时，讲究声调适度，身子与门保持约30厘米，努力做到文明服务。

（2）打扫房间。..

....。

（3）安全检查。..

....。

（4）迎来送往。..

....。

二、实习收获及存在的问题

1. 实习收获。本次实习，使本人对酒店行业有了初步了解，也基本了解了酒店客房服务员的工作流程及工作要求，收获颇丰。

（1）书到用时方恨少。本次实习，对我来讲是一个理论与实践相结合的过程。通过实习，我发现了自己理论知识远远不够，还需继续努力。如............

....。

（2）实践能力很重要。实习使我明白，企业看重的是员工踏踏实实的社会实践能力和灵活应变的为人处世能力，看重的是员工的潜在能力和能为公司创造财富的能力。如..

（3）团队合作促业绩。...。

如...。

2. 存在的问题。本次实习，在酒店师傅的帮助下，在老师和同学们的关心下，本人取得了一些成绩，但也存在一些问题。

（1）专业知识欠缺，服务不够周到。如住宿顾客询问本地旅游名胜，因知之甚少，故介绍不全面。

（2）...。

三、今后努力的方向

一是加强理论学习。..

....。

二是提高动手能力。..

....。

本次顶岗实习，培养了本人的实践综合应用能力，提高了本人的专业技能。在今后的学习工作中，本人将进一步提高自身文化修养，加强实践锻炼；百尺竿头，更进一步。

实操技巧

一、标题

由实习地点＋文种构成，如"××市××宾馆实习报告"。

二、正文

1. 开头。介绍实习缘由、背景、意义、时间、地点、单位简介、实习目的等。

2. 主体。

（1）实习内容及过程：是全文重点，要求使用大小标题、层次清楚、内容翔实；侧重介绍实际动手能力和专业技能的培养，切忌记账式简单罗列。

（2）实习收获及体会：要求使用大小标题、条理清楚、逻辑性强，着重强调体会和感受。

（3）实习中存在的问题：从专业技能、动手能力、团队精神等方面找出自身存在的问题。

3. 结尾。写今后努力的方向，结合存在的问题谈今后如何改进，并对自己提出希望。

实操拓展

1. 什么是毕业实习报告？特点是什么？

2. 以下短文截取的是实习报告的实习内容部分，请指出错误，并修改病文。

××市造纸有限公司销售工作实习报告

实习的第二阶段我被安排到销售科工作，推销该公司的主要产品：卫生纸和瓦楞纸。虽然我学的专业更适合推销，但实际上这并不是件好差事。对于我这个丝毫没有实际工作经验又没有业务联系初出茅庐的人来说，推销一种商品确实很难。所以，刚开始那两天我真的无从下手，只能跟着单位的同事跑那些有业务联系的老顾客去学学看看。通过一个星期的学习观察和老同事的分析，我总结了一下：该公司瓦楞纸主要是销往珠江三角洲地区，在我们粤北地区确实市场不大，而且自己工作时间短、经验少，又没有很广的交际面，与其推销瓦楞纸和卫生纸两种产品而分散力量，倒不如集中力量推销在粤北地区也有很大市场的卫生纸……

第九节 喜报

基础知识

一、概念

喜报是指单位、部门或个人向上级机关、广大群众迅速报告所取得的成绩的专用书信。

二、类型

喜报可以分为生产喜报、立功喜报、参军喜报、学习喜报、获奖喜报等。

三、作用

1. 喜报可以使上级机关或领导了解工作的完成情况，提出进一步的意见和安排。

2. 喜报可以促进工作更好地开展，充分调动员工的工作积极性和热情。

3. 喜报可以形成良好的工作竞争气氛，更好地推动工作的顺利进行。

四、写作要求

行文短小，力求简明，实事求是，要防止和避免材料失实。

范文实操 1

喜　报

××同志：

　　您的孩子××同学，响应祖国的号召，踊跃报名参军，经审查，现已被中国人民解放军××××××部队批准入伍。特向您报喜！

×× 市 × × × × 学 院
× × × × 年 × × 月 × × 日

范文实操 2

喜　报

尊敬的 ×× 总公司 ×× 经理：

　　我公司员工 ×××，在第 ×× 届全国创新创造技术大比武中，荣获变压器装调与维修三等奖。特此报捷！

×××× 有限责任公司

×××× 年 ×× 月 ×× 日

实操技巧

一、标题

第一行居中标明"喜报"字样。喜报多用大红纸写成，以示喜庆。

二、称呼

顶格写接受"喜报"的单位、组织或个人名称，在名称前边，也可以冠以"敬爱的""尊敬的"等表示敬意的修饰词语。

三、正文

1. 写取得成果或取得好成绩的原因。

2. 写具体情况。如取得了什么成绩等。

3. 写今后的设想。如怎样发扬成绩等。

四、落款

正文右下方写送喜报单位名称或个人姓名并注明日期。如果是单位的喜报，需加盖单位公章。

实操拓展

1. 什么是喜报？有哪些类型？

2. 请代表经济管理分院学生会写一则喜报。

喜报内容：经济管理分院学生会主席李 ×× 荣获学院优秀学生会干部称号。

第十节　海报

基础知识

一、概念

海报是张贴起来或用其他方式分发出去的广告，多用于电影、戏剧、比赛、文艺演出等活动。目前多使用电子海报。

二、特点

告知性、商业性。

三、类型

电影海报、演出类海报、学术报告类海报等。

四、写作要求

1.内容真实、简洁明了、短小精悍。

2.可用鼓动性词语，但不可夸大其词。

3.海报的版式可以作艺术性处理，以吸引观众。

范文实操 1

海　报

　　×××× 经济学研究所专家一行 5 人，将于 ×××× 年 ×× 月 ×× 日莅临我院讲学，共 7 天。欢迎相关专业的学生踊跃报名，名额有限，先到先得。

　　联系人：×××　联系电话：137××××××××

　　联系地址：××××××学院 ×× 楼一楼 102 室

×××××× 学院

×××× 年 ×× 月 ×× 日

范文实操 2

花千树

树梢渐渐爬上屋顶，
房前的门牌已被遮掩。
错过花千树，在城市中央，
你还能找到多少花园小洋房？
花千树已向你敞开胸怀！
售房热线：××××××××

实操技巧

一、标题

1. 在首行居中写标题名称，如"海报"。

2. 以内容作为题目，如"球讯"等。

3. 可用描述性语言，如"×× 再显风采"等。

二、正文

1. 写活动的目的、意义、主要内容、时间、地点等。

2. 写参加活动的具体方式及一些必要的注意事项等。

三、落款

主办单位的名称及海报的发文日期。

实操拓展

1. 请欣赏并收集 10 张优秀电子海报。

2. 请制作一张主题为"诚信考试，反作弊"的电子海报。

第十一节　讣告

基础知识

一、概念

讣告又叫讣闻，是机关、单位、团体或个人将某人去世的信息报告给他人的一种通告性应用文书。

二、特点

公开性、知照性。

三、类型

一般式讣告、公告式讣告、新闻报道式讣告。

四、写作要求

1. 语气低沉悲痛，语言严肃郑重、准确简练。

2. 不提及死者缺点和错误，遣词造句把握分寸。

3. 书写只能用白纸黑字，不能使用彩纸或彩笔。

范文实操 1

讣　告

×××× 公司 ××× 同志，因长期患肺心病，经多方医治无效，于 ×××× 年 1 月 9 日上午 9 时 20 分逝世，享年 79 岁。

××× 同志自参加工作以来，工作积极肯干，多次被评为先进生产者，深受全公司职工的爱戴。他的病逝，使我们失去了一位好同志。为寄托我们的哀思，兹定于 1 月 12 日上午 9 时在本公司礼堂举行追悼仪式，望 ××× 同志生前好友届时参加。

特此讣告

××× 同志治丧委员会

×××× 年 ×× 月 ×× 日

范文实操 2

讣　告

　　××电视广播有限公司宣布，×××先生今早（××月××日）离世，深感哀悼。×××先生于今晨 8 时 50 分，在家人陪伴下安详离世，享年 99 岁。

　　无线电视于××××年成立，×××先生是创办公司董事之一。他以无比的精力和视野，带领无线电视成为××地区最大的电视台和全球中文电视行业中最具影响力的电视台之一。

　　虽然我们知道终会有这一日，但仍无减我们的伤痛和失落。无线电视所有人员都会怀念×××先生，并向×××先生家人致以深切慰问。

　　×××先生的葬礼将只供家人出席，追思会的详情将另行公布。

××电视广播有限公司

××××年××月××日

实操技巧

一、标题

一般性讣告的标题一般直接写"讣告"，或在"讣告"前冠上死者的姓名。

二、正文

开门见山介绍死者相关信息，包括姓名、身份、职务、职称、死亡原因、死亡日期、死亡地点、终年岁数等；随后介绍死者生平并实事求是地评价死者的成就及贡献，明确告知相关吊唁、追悼事宜的时间、地点、具体安排等；最后以"特此讣告"或"谨此讣告"收尾。

三、落款

在正文右下方写发出讣告的单位或个人名称，并标明日期。

实操拓展

1.请根据以下材料，写一则讣告。

×××（1934—2022），男，农民，生活俭朴、乐善好施、性格开朗。突发心脏病，医治无效，于 2022 年 7 月 23 日上午 10 时去世。

2. 请查找问题，修改病文。

讣　告

×××先生因病医治无效，于2022年8月12日下午4时38分在家中溘然仙逝，享年八十有四。特定于2022年8月14日上午8时在××火葬场进行隆重追悼大会，届时请先生的各位同事光临。

特此讣告

××××公司（盖章）

××××年××月××日

第十二节　悼词

基础知识

一、概念

悼词是指在追悼大会上宣读的向逝者表示哀悼、缅怀与敬意的悼念性应用文。

二、特点

公开性、情感性。

三、写作要求

简洁明了，客观公允，字斟句酌，哀而不伤。

范文实操

悼　词

各位来宾：

今天，怀着无比悲痛的心情，在这里沉痛悼念我们的同事×××同志。

×××同志生前是××饭店的优秀厨师，××××年1月出生于××市××区一个普通农民家庭，在××区度过了他的童年时代和学生生涯。中学毕业后，他跟随王××师傅进入了××饭店。他从帮厨开始干起，在工作上始终兢兢业业，直到成为饭店的优秀厨师。

××××年××月××日20：00，×××同志冠心病突发，离开了人世，年仅56岁。

×××同志在××饭店工作的三十多年，是让人值得回忆的三十多年。在工作上，他认真负责，爱岗敬业，多次主动为饭店排忧解难。他的随和、热情，对工作的热爱与执着，永远值得我们学习。

×××同志关心家人、敬老爱幼，同样让我们敬佩。他热爱他的家庭、孝敬他的父母、爱护他的妻子、关心他的孩子，无论是他的亲人还是他的朋友，都把他当作心目中最值得信任、最值得尊重的人。

现在，×××同志不幸离开了我们，我们深感震惊、悲痛。我们为失去这样好的朋友、这样好的同事而悲痛，为他的妻儿失去这样好的丈夫、这样好的父亲而惋惜。让我们化悲痛为力量，以更加高昂的热情投入工作，完成×××同志未竟的事业。

×××同志安息！

××省××饭店
××××年××月××日

实操技巧

一、标题

1. 在首行居中写文种"悼词"。
2. "事由＋文种"，如"在×××同志追悼会上的讲话"。
3. 采用主副式标题，如"松柏常青　浩气长存——沉痛悼念×××同志"。

二、称呼

主要是泛称，如"同志们""各位来宾们"等。

三、正文

1. 要表达对死者不幸逝世的沉痛哀悼和深切思念。
2. 简述死者的生平。对死者的成就、贡献、思想、品质、修养作出综合评价，正面肯定死者为国家、集体或他人作出的贡献，充分赞扬死者对社会带来的积极影响，表明应怎样纪念死者，同时对死者家属表示慰问。
3. 结尾时再次表达对死者的沉痛悼念之意。常用"×××同志永垂不朽！"等。

四、落款

在正文右下方写单位或个人名称，并标明日期。

实操拓展

1. 什么是悼词？悼词的特点是什么？
2. 请为已过世的亲人写一则500字左右的悼词。

第十三节 遗嘱

基础知识

一、概念

遗嘱是指遗嘱人生前在法律允许的范围内，按照法律规定的方式对其遗产或其他事务所作的个人处分，并于遗嘱人死亡时发生效力的法律行为。

二、特点

1. 遗嘱是单方法律行为，即遗嘱是基于遗嘱人单方面的意思表示即可发生预期法律后果的法律行为。

2. 遗嘱人必须具备完全民事行为能力。限制行为能力人和无民事行为能力人不具有遗嘱能力，不能设立遗嘱。

3. 设立遗嘱不能进行代理。遗嘱的内容必须是遗嘱人的真实意思表示，应由遗嘱人本人亲自作出，不能由他人代理。如是代书遗嘱，也必须由本人在遗嘱上签名，并要有两个以上见证人在场见证。

4. 在紧急情况下，才能采用口头形式，而且要求有两个以上的见证人在场见证。危急情况解除后，遗嘱人能够以书面形式或录音形式立遗嘱的，所立口头遗嘱无效。

5. 遗嘱的法律效力优先于法定继承。

6. 遗嘱是遗嘱人死亡时才发生法律效力的行为。因为遗嘱是遗嘱人生前以遗嘱方式对其死亡后的财产归属问题所作的处分，死亡前还可以加以变更、撤销，所以，遗嘱必须以遗嘱人的死亡作为生效的条件。

如果遗嘱人没有事实死亡，而是在具备相关的法律条件下，经有关利害关系人的申请，由人民法院宣告死亡后，遗嘱也发生法律效力，利害关系人可以处分遗嘱当事人的财产。如果在短期内遗嘱人重新出现，那相应的财产可以退还遗嘱人；如果时间较长，如超过两年，以及财产出现了无法退还的情况，则受益人应当对遗嘱人的基本生活在其受益的范围内提供帮助，但法定义务人不受此限。

三、法律效力

有效遗嘱具有法律效力。

四、成为有效遗嘱的条件

1. 遗嘱人须有遗嘱能力。

2. 遗嘱须是遗嘱人的真实意思表示。

3. 遗嘱不得取消缺乏劳动能力又没有生活来源的继承人的继承权。

4. 遗嘱中所处分的财产须为遗嘱人的个人财产。

5. 遗嘱必须符合我国法律和政策的规定。

五、有效遗嘱的存在形式

自书遗嘱，代书遗嘱，打印遗嘱，录音、录像遗嘱，口头遗嘱，公证遗嘱。

六、自书遗嘱的写作要求

1. 遗嘱人书写的遗嘱内容必须符合法律规定。

2. 须由遗嘱人亲笔书写遗嘱内容并签名，以个人笔迹为证。在打印的遗嘱上签名，其法律效力将产生争议。如果有相反证据证明打印的遗嘱并非本人真实意愿，遗嘱有可能被认定为无效遗嘱。

3. 必须注明立遗嘱的年、月、日。

范文实操

遗　嘱

自书遗嘱

立遗嘱人：姓名：王×业　性别：男　出生日期：××××年7月8日　民族：汉族　工作单位：××××有限责任公司　住所：××市××路××小区23栋2单元302室　身份证号：×××××××××

本人患有先天性心脏病，身体随时可能发生意外，故立此遗嘱，表明我去世之后对自己所有财产的处理意愿。

一、本人所有财产如下：

1. 坐落于××市××街××号四单元203室的××平方米房产一处（评估价值××万元）。

2. 汽车两辆，车牌号分别为 ××××××、××××××。

3. 银行存款贰拾万元，存于 ×× 银行 ×× 支行 ×× 分理处，账号为：×××××××××××。

二、对于上述财产，本人处理如下：

1. 坐落于 ×× 市 ×× 街 ×× 号四单元203室的 ×× 平方米房产由儿子王 × 峰继承。

2. 两辆汽车由儿子王 × 峰继承一辆，车牌号为 ××××××；女儿王 × 华继承一辆，车牌号为 ××××××。

3. 银行存款贰拾万元及利息由儿子王 × 峰、女儿王 × 华共同继承（平均分配）。

4. 冰箱、彩电等家中所有用品由女儿王 × 华继承。

5. 骨灰由女儿王 × 华负责保管。

6. 家谱由儿子王 × 峰负责保管。

三、希望各位亲人尊重本人的遗愿，和平处理遗产继承事宜。

四、立遗嘱地点：×× 市 ×× 路 ×× 小区23栋2单元302室。

五、本遗嘱由王 × 亭负责执行。

执行人姓名：王 × 亭　性别：男　出生日期：×××× 年8月28日　民族：汉族　住所：×× 市 ×× 路 ×× 小区36栋2单元501　身份证号：×××××××××

立遗嘱人签字：王 × 业

×××× 年 ×× 月 ×× 日

实操技巧

一、标题

在首行居中写"遗嘱"。

二、正文

1. 基本情况。姓名，出生年、月、日等内容。

2. 开头。立遗嘱的原因，如"患有先天性心脏病"等内容。

3.主体。

（1）财产明细，如"房屋一套，面积××平方米"等内容。

（2）财产分配，如"房产由儿子王×峰继承"等内容。

4.结尾。殷切希望，如"希望各位亲人尊重本人的遗愿，和平处理遗产继承事宜"等内容。

5.立遗嘱地点。具体翔实，如"××市××路××小区23栋2单元302室"等内容。

6.执行人及执行人情况。信息准确，如"王×亭，男"等内容。

三、落款

在正文右下方签署姓名，并另起一行在相对应位置注明时间。

实操拓展

1.成为有效遗嘱应具备哪些条件？有效遗嘱具有法律效力吗？

2.请阅读材料并完成自书遗嘱。

刘某原计划将其××市东风街8号二单元202室的90平方米房产和16万元存款，全部留给儿子刘甲及女儿刘乙，资产由两人平均分配，并已书写遗嘱，由刘某弟弟刘×林监督执行。

在刘某病重、生命垂危但是头脑清醒之际，刘某看到刘甲似乎在窃笑，巴不得自己快死，加之平时刘甲对刘某不管不问、未尽孝心，刘某便宣布由女儿刘乙继承全部遗产，并重新书写遗嘱。当时在场人员有护士小王、刘某弟弟刘×林、刘甲、刘乙、护工桑×。

第三章

事务类

第一节　启事

基础知识

一、概念

启事是指国家机关、社会团体、企事业单位或个人向公众说明事实的情况并且希望公众协助办理的文书。

二、特点

目的的鲜明性、目标的针对性、内容的广泛性、告知的回应性、参与的自主性、传播的新闻性。

三、类型

1. 征召类启事，如征稿、征婚、招生、招聘等启事。

2. 寻招类启事，如寻人、寻物、招领等启事。

3. 提醒类启事，如开业、停业、更名、庆典、迁移等启事。

四、写作要求

内容真实准确，直截了当，简明扼要，通俗易懂，诚挚恳切。

范文实操 1

招聘启事

新片《×××××》招聘主演。要求：女性，18~30 岁，相貌出众，精通民族舞蹈，具有专业表演水平，非诚勿扰。

联系人：王×× 　联系电话：189×××××××××

导演：×××

××××年××月××日

范文实操 2

招聘启事

××国际大酒店是经省文化和旅游厅审批挂牌的四星级旅游酒店，现因业务发展需要，面向社会诚纳精英，诚邀有识之士加盟，共创美好事业。

一、餐饮部招聘服务员20名，女，高中以上学历。

二、客房部招聘前台接待6名，女，相关专业大专以上学历。

三、财务部招聘收银员5名，男女不限，财务专业大专以上学历。

四、工程部招聘综合维修工2名，男，持维修电工上岗证。

以上岗位应聘者年龄须在40岁以内，族别不限，身体健康，工资待遇面谈。入职后，办理社保和意外保险等；享有固定月假、国家法定假及带薪年休假。

报名资料：身份证原件及复印件3份，近期1寸彩照3张，毕业证原件及复印件1份。

应聘地点：酒店10楼人事处办公室

联系人：王××　联系电话：138×××××××

××国际大酒店

××××年××月××日

实操技巧

一、标题

1. 只有文种，如"启事"。

2. 由事由+文种构成，如"寻物启事"。

3. 由单位+事由+文种构成，如"××××公司人才招聘启事"。

二、正文

写目的、意义、原因、内容、要求、联系方式等，根据不同启事类型决定内容详略。

1. 征婚启事要写明征婚者的年龄、性别、籍贯、身高、体重、要求、家庭经济状况等。

2. 招聘启事要写明招聘目的、对象、条件、福利待遇、联系方式等。

3. 寻人启事要写明被寻找者的姓名、性别、年龄，什么原因、什么时候、什么地方失踪；还应写明长相、体态、口音、服饰、联系方式等，并附上被寻找者的照片。

三、落款

在正文右下方写明撰写启事的单位名称或个人姓名、日期。

实操拓展

1.启事有几种类型？启事可以写成启示吗？

2.请在括弧内填入合适的词语，将寻人启事填写完整。

寻人启事

张××，女，（　　）族，（　　）岁，身高（　　）米，长方脸，皮肤较白，神智有时不清，耳聋，身穿（　　）大衣，大衣领上缝有银灰色毛绒领，下身穿深灰色（　　）裤，脚穿（　　）高跟皮鞋，××省（　　）县口音，××××年12月6日下午6：00从（　　）县（　　）广场出走，至今未归。有知情者请告知（　　）县公交公司×××女士，当面致谢！

联系电话：136×××××××××

启事人：×××

××××年××月××日

第二节　心得体会

基础知识

一、概念

心得体会是一种读书、学习等实践活动后所写的感受文字。

二、特点

主体性、写作模式不确定性。

三、类型

学习体会、工作体会等。

四、写作要求

实事求是，真情实意，联系实际，有个人观点。

范文实操

财务培训心得体会

王××

××××年10月12日—18日，我参加了××市财政局组织的"关于基础会计知识行政违法处罚条例"专题培训。这次培训，由××市××会计师事务所×××注册会计师主讲，主要讲了会计基础知识、行政违法处罚条例、会计法规等实用内容，讲解通俗易懂、言简意赅，我从中学到了很多知识，体会颇深。

一、提高了思想认识，坚定了职业操守

通过学习，我认为作为一名大型旅游企业的财务工作人员，不只要有精湛的专业技术和技能，更重要的是要有良好的职业道德和职业荣誉。在工作中必须严守职业道德、坚守职业操守，树立优秀的职业品质、严谨的工作作风，努力提高工作效率和工作质量。

二、广泛积累经验，提高业务技能

财务工作者一定要不断提高自身业务能力，严守会计法规，扎扎实实地把财务工作做好。这些年，我积累和掌握了一些专业技能，对会计记账分录等业务轻车熟路。但是，现在政府收支分类正在进行改革，记账方式也在改变，需要学习更新的内容还很多。因此，我必须熟知财经法律、法规，努力钻研业务，并做好财经法规宣传工作，保证所提供的会计信息合法、真实、准确、及时、完整。

三、工作努力奋进，争做行家里手

现代社会是知识竞争的时代，"谁拥有了知识，谁就拥有了明天"，只有不断学习，不断掌握新的知识，才能达到新的高峰。这次培训，给我们搭建了一个非常好的学习平台，让我们接触到了许多最前沿的知识，开阔了视野，提高了专业素养。

在今后的工作中，我会以此次学习为动力，不断提高自身业务素质，做到依法办事、依法做事，忠于职守、爱岗敬业，正确处理好国家、集体和个人的利益，时刻自重、自警、自省、自励，在大是大非面前坚持正确的立场和态度，端正思想作风，提升思想境界，淡泊名利，廉洁自律，清白做人，争取做好公司的"内当家"，为公司的财务管理工作作出自己应有的贡献。

一周的学习时间虽然有限，但我已受益匪浅。今后，我将继续进行精髓发散性学习，兢兢业业，不断进步。

××××年××月××日

实操技巧

一、标题

在首行居中写心得体会的具体名称，如"参加××职业院校技能大赛心得体会"，也可直接写"心得体会"。

二、正文

1. 开头。体会的缘起、背景，如"近日公司举办了××××年发电设备检修技能培训活动"等。

2. 主体。具体实践的过程、体会等，如"现将学到的知识点总结如下""总之，通过不断培训，职工的职业技能就会不断提高"等。

3. 结尾。表达希望、感谢等，如"感谢公司和老师的教导"等。

三、落款

在文章右下方署名并标明时间；在标题下署名，落款时只标明时间。

实操拓展

1. 什么是心得体会？特点是什么？

2. 以下短文截取的是参观××电子有限公司心得体会的开头部分，请诊断病文。

随着夜幕的悄悄降临，我的企业参观之旅也在笑声中结束了。进入××电子有限公司，感觉很舒服。工作人员很客气，很亲切。以往我一直以为，进入一个这么大的公司，自己肯定会有一种卑微的感觉，行为举止一定会唯唯诺诺的。可是，进入××电子有限公司，这种感觉却消失得无影无踪了……

第三节　自我鉴定

基础知识

一、概念

自我鉴定是个人在一个年度、一个阶段，对自己的学习、工作等情况进行的自我总结。

二、特点

具有评语和结论性质。

三、作用

1. 总结以往思想、工作、学习情况，发扬成绩，克服不足，展望未来，指导今后工作。

2. 使组织了解自己，为入党、入团、职称评定晋升等工作提供依据。

3. 自我鉴定是个人历史生活中的一个阶段小结，具有史料价值，将被收入个人档案。

四、类型

学习、工作、实习、毕业、转正等自我鉴定；党员、团员、先进个人等自我鉴定。

五、写作要求

篇幅短小，客观真实，语言简洁，概括性强，400字以内为宜。

范文实操 1

自我鉴定

自进入大学以来，本人一直以严谨的态度积极参加理论学习和社会实践，勤奋好学、挑战自我，为今后实现人生价值打下了坚实基础。现将三年来的学习情况小结如下。

一、在思想上，上进心强

认真参加理论学习，政治方向坚定，积极向党组织靠拢，并以务实求真的态度参与学院的公益宣传活动。

二、在学习上，刻苦钻研

严于律己，孜孜不倦。为使自己能够掌握现代信息和职业技能，本人在学好专业理论基础知识的同时，还涉猎了其他学科的知识，拓宽了视野，开阔了眼界，为实践技能课打下了扎实的理论功底。在专业技能课上，本人理论联系实际，积极参与变压器维修实验、实训课学习，在老师的指导帮助下，基本掌握了变压器初级维修阶段的常识性维修技能，并考取了职业资格证。××××年12月，荣获院级奖学金。

三、在交往上，团结同学

为人热情大方，具有良好的社交能力，能与同学们和睦相处；课余时间，能积极参加各项课外活动，不断丰富自身阅历，并荣获学院羽毛球大赛男子单打二等奖。

在老师和同学们的帮助下，本人在思想、学习等方面取得了一些成绩，但也存在一些问题。一是公共基础课学习成绩不是十分理想，主要原因是基础比较薄弱，学习方法有待改进；二是与同学联系不够紧密，主要原因是性格比较沉稳，没有主动与同学进行交流。

在今后的学习中，本人将发扬优点，克服缺点，以饱满的热情、坚定的信念、高度的责任感去迎接新的挑战，攀登新的高峰。

×××

××××年××月××日

范文实操 2

自我鉴定

××××年1月1日，本人加入公司，成为公司财务部一名记账员。在这一年中，本人感受到了公司宽松融洽的工作氛围、团结向上的企业文化，因而更加珍惜和热爱这份工作。现将一年工作总结如下。

一、虚心学习

在工作中处处留心，多看、多思考，虚心向前辈和同事们学习，勤学好问；并发挥自己计算机操作快的优势，热心帮助其他同事，以较快的速度融入了公司团队。

二、重新建账

根据库房核对后的应付账款余额，重新建立资产新账，将库存明细账分为公司流动库存、公司原材料库存等名目；并对成品库存进行汇总，形成了公司成品库存明细总账。在建账的同时，将当期单据进行相应处理，并及时填制应付凭证、登记应付账款明细账，使公司应付账款数据准确无误。

三、善于思考

在记账中若发现库存与实物不符情况，及时与库管沟通，并做好销账、报损等工作，使库存账目账账相符。

在这一年的工作中，本人有成绩也有不足。如对公司整体业务流程不熟悉，对工作的预见性不强，对财务法规的学习不主动。

在今后的工作中，本人将进一步严格要求自己，虚心向领导和同事学习，以高度的责任感和进取心，争取在各方面取得更大进步。

根据公司人事聘用相关规定，本人特提出转正申请，恳请批准。

×××

××××年××月××日

实操技巧

一、标题

1.由工作内容＋文种构成，如"销售工作自我鉴定"。

2.以文种"自我鉴定"做标题。如果是填写已有标题的自我鉴定表格，不写标题。

二、正文

1.开头。概括全文，常用"×××总结如下或自我鉴定如下"。

2.主体。

（1）写工作成绩，按照思想表现、业务工作、专业学习等内容逐一写出成绩。

（2）写存在的问题，一般只写主要的，次要的一笔带过。

3.结尾。写今后打算，用简洁的语言概括出今后的打算，表明态度，如"今后本人一定××，争取更大进步"等。

三、落款

在右下方署鉴定人姓名，并标明时间。

实操拓展

1.什么是自我鉴定？写作要求是什么？

2.以下短文截取的是自我鉴定正文工作业绩部分，请指出问题，并修改病文。

记得，刚进××××行，为了尽快掌握××××行业务，我每天都提前一个多小时到岗，练习点钞、打算盘、储蓄业务，虽然那时住处离工作单位要坐车一个多小时，但我每天都风雨无阻，特别是冬天，冰天雪地，怕挤不上车，我常常要提前两三个小时上班，就是那时起我养成了早到单位的习惯，现在每天都是第一个到行里，先打扫卫生，再看看业务书或准备一天的工作，也是这个习惯，给了我充足的时间学习到更多的业务知识……

第四节　职业道德誓词

基础知识

一、概念

职业道德誓词是一些行业的主管部门或专家学者，在自己所从事的职业范围内，为建设高度的社会主义精神文明，在对新入职员工进行职业教育时，所创造的一种应用文体。

二、特点

从业者共同认知、使用第一人称。

三、类型

医学类、教育类、商业类等。

四、写作要求

语言高度概括，表达共同心声，文字简洁，朗朗上口。

范文实操 1

毕业生职业道德承诺宣誓

遵守党纪国法，诚实守信做人。秉承××校训，弘扬××精神。谨遵师长教诲，报效祖国人民。允公允能，日新月异，明德修身，为公守义。追求真理，勇于创新，实事求是，敬业乐群。牢筑道德防线，弘扬正气清风。让母校以我为荣！

宣誓人：×××

××××年××月××日

范文实操 2

食品行业员工职业道德誓词

我志愿加入中国食品行业，秉承民以食为天、食以安为先的理念，发扬为人民健康服务、让人民放心满意的精神，提高自身素质，恪守职业道德，遵守国家法规，执行行业标准，珍惜自己及他人生命，为促进食品行业健康发展贡献力量。

宣誓人：×××

××××年××月××日

范文实操 3

医务工作者职业道德誓词

作为医务工作者，我郑重宣誓：

救死扶伤，实行革命的人道主义，全心全意为人民服务，保障各族人民身心健康。对病人一视同仁，不以任何借口延误治疗时机。严肃、认真、和蔼、热情对待每一位病人，不滥用药物、不收取病人任何报酬、不以技术谋私利、不弄虚作假、不追求名利，严格遵守有利于病人健康的保密规定。

努力钻研业务，传承和弘扬祖国医学，在医疗技术上追求精益求精，努力做一名优秀的医务工作者，为人民的健康事业奉献终身！

宣誓人：×××

××××年××月××日

实操技巧

一、标题

1.由宣誓内容＋文种构成标题，如"毕业生职业道德承诺宣誓"。

2.以文种"誓词"做标题。

二、正文

1.写即将走上工作岗位，郑重宣誓。

2.写宣誓内容，如奋斗目标、保证或决心等。

三、落款

在右下方署宣誓人姓名，并标明时间。

实操拓展

1.什么是职业道德誓词？写作要求是什么？

2.以下短文截取的是导游职业道德誓词正文部分，请指出错误，并修改病文。

导游的职业是艰苦的职业，我们足踏千山万水，我们日夜风雨兼程，但是道路是曲折的，前途是光明的，我们的导游职业是无上光荣的，我们提倡银发导游，把导游作为终生的职业，把青春饭吃到……

第五节　授权委托书

基础知识

一、概念

授权委托书是单位及法定代表人或自然人授权委托他人代为某种法律行为的法律文书。

二、特点

法律性、严肃性、时效性。

三、类型

单位授权委托、个人授权委托。

四、法律效力

授权委托书具有法律效力。

五、写作要求

依法委托，一事一议，实事求是，简明扼要。

范文实操 1

单位授权委托书

××××山岳制衣有限责任公司：

我公司委托员工赵××，负责贵单位消防报警设备维修工作及劳务费收款事宜，劳务费共计：叁万捌仟元整（￥38 000.00）。对受托人在办理上述事项过程中所签署的有关文件，我公司均予以认可，并承担相应的法律责任。请贵单位将劳务费汇入以下账户。

账户名称：中国工商银行××××红光区支行

账号：×××××××××××

单位全称：××电器有限责任公司　赵××身份证号：×××××××××

委托期限：××××年9月3日至××××年10月3日

××电器有限责任公司
××××年××月××日

范文实操 2

单位授权委托书

委托单位：＿＿＿＿＿＿＿＿，法定代表人：＿＿＿＿＿，职务：＿＿＿＿＿。

受委托人姓名：＿＿＿＿＿，工作单位：＿＿＿＿＿＿＿，职务：＿＿＿＿＿。

现委托受委托人在我单位与＿＿＿＿因＿＿＿＿纠纷一案中，作为我方诉讼代理人。

诉讼代理人＿＿＿＿的代理权限为＿＿＿＿＿＿＿＿＿＿，代理期限为＿＿＿＿＿。

诉讼代理人＿＿＿＿的身份证号为＿＿＿＿＿＿＿＿＿。

委托单位：×××××××××
法定代表人：×××（签名）
××××年××月××日

范文实操 3

个人授权委托书

委托人＿＿＿＿＿性别＿＿＿＿＿身份证号＿＿＿＿＿＿＿＿＿＿。

被委托人＿＿＿＿＿性别＿＿＿＿＿身份证号＿＿＿＿＿＿＿＿＿。

因工作繁忙，本人不能亲自办理户籍迁移相关手续。特委托＿＿＿＿＿作为本人合法代理人，全权代表本人办理相关事宜。对委托人在办理过程中所签署的有关文件，本人均予以认可，并承担相应的法律责任。

委托期限：××××年11月11日—××××年12月11日

委托人：×××

××××年××月××日

实操技巧

一、标题

在首行居中写授权委托书名称，如"单位授权委托书"等。

二、称呼

称呼也叫"抬头"，在标题下空一行顶格处，写发生业务往来的单位名称。

三、正文

委托事项，如"负责贵单位消防报警设备维修工作及劳务费收款事宜"。

四、落款

在正文右下方签署委托单位的名称或个人姓名，并另起一行在相对应位置注明委托时间。

实操拓展

1. 什么是授权委托书？特点是什么？

2. 请写一则负责领取个人档案的个人授权委托书。

第六节　计划

基础知识

一、概念

计划是社会团体、企事业单位或个人对未来一定时期的工作、事业、活动等作出预先打算和安排，确定目标、任务、措施所形成的一种事务性文书。

二、类型

计划可以从不同角度分类。

1.按性质分：综合计划、专项计划等。

2.按写作方式分：条文式计划、表格式计划、文表结合式计划等。

3.按写作内容分：生产计划、工作计划、学习计划、科研计划等。

4.按时间跨度分：年度计划、季度计划、月计划、周计划、日计划等。

5.按制订计划的机构分：国家计划、省（市）计划、单位计划、个人计划等。

三、范畴

计划是统称。规划、纲要、设想、要点、方案、意见、安排、打算等都属于计划范畴。

规划是一种时间跨度长（三年以上），范围较广，内容较为概括的计划，如"××市城市建设总体规划"。

安排是短期内要做的工作，且范围较小、内容单一，是布置具体工作一类的计划，如"××系第×周工作安排"。

打算是一种粗线条的，其想法不太成熟的非正式计划，范围较小，内容较少，且只考虑近期要做的工作，如"××宿舍××学期争创文明宿舍的打算"。

四、特点

预见性、可行性、明确性、时限性。

五、作用

1.计划是生存与发展的纲领，是做好整体部署的前提。

2.计划是实施各项工作的先决条件，是开展各类活动的根本依据。

63

六、写作要求

高瞻远瞩，科学合理，实事求是，措施具体，条理清晰。

范文实操 1

××××年××酒店餐饮部工作计划

为进一步提高酒店经济效益，内强管理，外树形象，认真做好××××年各项工作，特制订如下工作计划。

一、加强安全管理工作

一是坚持开展安全培训工作。将安全用电及设备操作规程作为培训重点，不断强化安全意识。二是安全工作不留死角。做到网络监控全覆盖，强化安全薄弱环节的清理整顿。三是坚持安全常规管理。建立安全生产会议制度，健全巡回检查、设备检修、交接班等工作记录，将整个生产过程记录在案，有备无患。

二、提高员工质量意识

加大质量管理力度，提高饭菜质量。一是加强操作人员质量培训，强化员工质量意识。二是加强检验员的质量巡检工作，避免重大质量事故的发生，并要求检验员做好当班质量工作记录，使班组质量工作有迹可循。三是建立合理的奖惩制度，在考核机制中加入质量考核指标，并与员工经济收入挂钩，奖优罚劣，确保饭菜成品合格率达到100%。

三、努力开源节流

一是合理安排人员，对现有的岗位人员进行梳理，以产定员，尽量降低酒店的劳动力成本。二是合理安排工作时间，尽量连续作业，避免浪费资源和能源。三是对原辅材料进行精细管理，搞好成本核算，将原辅材料的消耗控制在3%之内。四是将各类消耗与员工的收益挂钩，厉行节约，杜绝浪费，奖勤罚懒，奖优罚劣。

四、加强设备管理

一是制定餐饮设备保养及管理办法。对设备的日保、周保、月保制度化，定期检查，实施各种激励手段，引导员工运用正确的方法进行设备保养。二是加强设备保养技能培训。定期召开设备管理会议，定期对员工进行技能培训，坚决纠正不良设备使用和保养行为。三是确保措施有效实施。各班组长必须率先垂范，身体力行，带领并要求员工运用正确的方法进行设备保养，以保证设备高效、稳定运转。

五、保证工艺贯彻率

以贯彻 6S 管理制度为契机，推进食品标准化生产，推进员工食品餐饮工艺培训工作，提高员工对本工位工艺熟知度及技能水平，保证工艺入脑入心，保证工艺贯彻率达到 98%。

××××年餐饮部应实现利润为 200 万元（酒店下达），为实现利润目标，我们将开拓进取，知难奋进，从点滴小事做起，严格落实岗位责任制，力争通过扎实有效的工作，圆满完成酒店下达的各项工作任务。

××××年××月××日

范文实操 2

××股份有限公司××××年安全生产工作计划

为实现全年无重大事故的安全生产指标，切实做好安全生产工作，依据"安全第一，生产第二"的工作原则，遵照上级安全管理部门××××年安全生产工作部署，××××年，我们应重点做好以下几方面工作。

一、确立指导思想，明确管理目标

以安全生产为指导，用科学理念引领安全工作，坚持"安全第一、预防为主、综合治理"的方针，坚持"以人为本"和"谁主管、谁负责"的原则，认真贯彻落实国家有关安全生产的法律法规和强制性标准，规范和加强安全生产的监督管理考核力度，不断提高自身管理水平，牢固树立"生命、健康、卫生、环保"的管理理念，加强领导，健全体系，明确责任，突出重点，强化监管。

1. 安全目标。无重大火灾、工伤、设备、交通等事故，无影响社会和集团公司稳定的事件；千人重伤率为 0；千人负伤率为 0.5‰。

2. 安全责任。从班组到主管领导，层层签订安全责任书，分工明确，各负其责。

二、完善管理制度，健全安保体系

落实各级领导部门及全体员工在管理和生产过程中的安全职责，使安全生产工作制度化、规范化、科学化。

1. 完善安全教育培训制度。通过定期培训，提高全体员工的安全生产意识和安全生产管理水平。

2. 完善安全生产奖罚办法。落实安全生产责任制，奖优罚劣，奖勤罚懒，鼓励后进，激励先进。

3. 完善职工伤亡事故管理办法。规范安全事故报告制度，杜绝谎报、漏报现象。

4. 充实安全生产领导小组成员。配备专职安全员负责日常安全监督检查管理工作，使安全管理工作日常化。

三、加强学习宣传，全面提高认识

安全重于泰山，安全工作是企业的生命线。加强安全生产学习宣传，开展安全生产知识竞赛、板报评比等项活动，使安全生产深入人心。

1. 加强学习。各级领导要进一步学习和贯彻《中华人民共和国安全生产法》和《安全生产管理条例》等国家有关安全生产的法律、法规和强制性标准，提高认识，在工作中依法办事。各岗位员工要通过对国家有关安全生产的法律、法规和强制性标准的学习，理解和掌握相关条款，明确自己的安全职责。各岗位员工要了解安全生产的各项规章制度和操作规程，提高安全意识，完成"要我安全"，到"我要安全"，最终到"我会安全"的质的转变。

2. 开展安全竞赛。开展好"安康杯"安全竞赛活动和"安全生产宣传月"活动，通过政策宣讲、图片展览、安全知识竞赛、板报评比等教育活动，提高各级领导和全体员工的安全意识，努力营造"人人关注安全，人人关爱生命"的氛围。

××××年，我们将依据《××××股份有限公司安全承诺书》《××××股份有限公司××××年安全生产指标分解计划表》，认真做好安全生产管理的监督和考核工作，力争在生产安全、交通安全、人身财产安全、资金安全等管理工作上有重大突破，使安全生产管理工作上一个新的台阶。

附件：××××年安全生产指标分解计划表（略）

××××年××月××日

实操技巧

一、标题

由单位名称、时间、事由、文种组成，如"××市××公司××××年工作计划"；也可省略其中的一项或者两项，如"××公司职工教育计划"。无论怎样省略，都必须保留事由、文种两项。

二、正文

1.开头即引言、前言。写制订计划的依据、背景（如面临的基本形势、前段工作经验教训等），也可不写这部分内容，可直接写明工作的总目标、总任务。

2.主体是计划的主要部分。把下阶段工作分成若干项目，逐项逐条写明要求、措施、办法、执行人员、完成时间等。注意条文的逻辑顺序，可按照各项工作顺序，也可按照工作的主从轻重排列。

3.结尾写号召和希望。激励大家为实现计划而努力。结尾部分应根据需要，灵活把握，有的计划不写结尾。

三、落款

写明制订计划的单位（标题中已标明单位的可省略）和制订计划的日期。

实操拓展

1.什么是计划？谈谈计划的类型。

2.以下短文是计划的开头部分，请指出错误，并修改病文。

转眼间又要进入新的一年了，新的一年是一个充满挑战与机遇、充满自信与沮丧、充满烦恼与喜悦的一年，也是我非常重要的一年。出来工作已五年，家庭、生活及工作的压力，使理想与现实形成巨大落差，为实现色彩斑斓的理想，我要努力工作和认真学习。在此，我订立了新一年的工作计划，以便使自己在新的一年里取得更大的进步……

第七节　总结

基础知识

一、概念

总结是党政机关、企事业单位、社会团体及个人对前一阶段的工作进行回顾、反思和分析研究，找出成绩与问题、经验与教训，用来指导今后工作的一种应用文体。

二、特点

真实性、指导性、针对性。

三、分类

1. 按性质分：有专题总结、综合总结等。

2. 按内容分：有学习总结、工作总结、思想总结、科研总结等。

3. 按范围分：有地区总结、行业总结、单位总结、班级总结、个人总结等。

4. 按时间分：有年度总结、半年总结、季度总结、月份总结、周总结、日总结等。

四、作用

回顾过往实践活动，不断提高思想认识，以便顺利开展后续工作。

五、写作要求

1. 实事求是，切忌虚假；突出重点，切忌平淡。

2. 写出特色，切忌平庸；注重分析，切忌肤浅。

范文实操 1

××股份有限公司生产技术部××××年工作总结

××××年，在公司党委的正确领导下，在全体员工的共同努力下，截至12月25日，公司实现产值8000万元，超额完成了全年生产任务，现对一年的工作总结如下。

一、一年来所做的主要工作

1. 加强了员工思想教育。充分利用例会和车间班前班后会，认真传达公司二次创业精神，使全体员工真正领会了公司的发展要求、前景和目标，明确了员工以厂为家的思想。

2. 狠抓安全管理不放松。完善了岗位责任制，加大对班组安全检查力度，发现问题及时通报并限期整改，消除安全隐患，确保了安全生产。

3. 加强了班组长培训。车间班组长的素质直接影响车间生产的质量和效率。为调动车间班组长的工作积极性，我们分两步对班组长进行了培训。第一步进行企业目标教育，让班组长了解企业的发展前景，帮助他们树立信心。第二步进行技术素质教育，让班组长了解××××药品从原材料检验入厂到产品出厂全过程，使他们明白每一个生产环节都至关重要，帮助他们牢固树立质量第一的思想。

4. 加强了生产现场管理。积极配合质检部门对车间半成品、成品定期进行现场抽查、督察，严把了产品质量关。在生产过程中及时进行现场管理，合理消化了积压余料，避免了原材物料浪费，节约了生产成本，改善了生产现场。

5.对生产设备进行技术改造。根据生产实际情况，对第二、第六两个半成品药品加工车间的部分落后生产设备进行了技术改造。通过技术改造，降低了工人劳动强度，节约了生产成本，提高了产品质量。

二、存在的问题

××××年，我们在生产技术管理上做了大量工作，但仍存在一些问题。

成本考核制度不健全，责任落实不到位，生产过程中跑冒滴漏现象时有发生。

三、今后的设想

为切实抓好生产技术管理工作，××××年，我们将从以下几方面开展工作。

1.继续坚持安全第一、预防为主的方针，严格按照安全操作规程进行管理。

2.继续提倡和激励技术革新，积极为技术人员提供技术革新的环境和条件。

3.继续狠抓设备保养与维护，使生产设备始终处于良好的运行状态。

在新的一年里，我们将积极行动起来，忠于职守，努力工作，争取超额完成××××年生产任务。

××××年××月××日

范文实操2

××××年度个人工作总结

××××年，在公司领导及全体同人的鼓励支持下，本人较好地完成了××××年度财务记账工作任务。现将具体工作总结如下。

一、自觉加强理论学习

首先，认真学习党的章程，学习习近平新时代中国特色社会主义思想，学习时事政治。通过学习，提高了自己的政治鉴别能力，在大是大非问题面前，能够始终保持清醒的头脑。其次，针对自己的本职工作，理论联系实际，系统地进行政治学习，提高了政治素养。最后，积极参加学习讨论与交流，虚心向老党员请教，努力使自己在复杂多变的社会现象中认识事物的本质。

二、努力做好本职工作。

1.在××××工程项目记账过程中，本人遵章守纪，严格执行财务管理制度和操作流程，按照规定进行记账，确保了财务数据准确。××××工程项目完工后，又对工程项目所有财务数据进行了复查，并做好复查记录。

2.定期核查半成品库账目，发现问题，及时上报。在上半年半成品库账务核查时，本人发现钢管半成品库的库存账账不符、账物不符，出现漏洞10万元，经反复核查后，及时上报了财务主管，为公司挽回了损失。由于本人记账、核账追求精益求精，所担任的工程项目记账和半成品记账工作从未出现过失误。

3.积极学习现代信息技术，熟悉并掌握了工程记账财务软件，提高了工作效率。

4.在财务记账工作中，本人虚心向老记账员学习，取长补短，努力提高工作能力。

三、存在的不足

工作中主动性不足，与领导和同事沟通较少；遇事考虑不够全面，不够细致。虽然努力做了一些工作，但距离公司领导的期望和要求还有一定差距。

四、明年工作打算

1.认真学习党的理论知识，努力提高政治思想水平。

2.严格执行财务管理制度，认认真真记账、踏踏实实工作。

3.学无止境，刻苦钻研财务管理业务知识，尽职尽责完成本职工作。

在今后的工作中，本人将严格按照国家财务管理规定开展工作，按照公司财务部的要求按时记账、核账，努力为各成品库和项目工程做好服务工作。

记账员：×××

××××年××月××日

实操技巧

一、标题

1.四项式标题。单位机关名称、时间、事由、文种组成标题，如"××市××××公司××××年工作总结"。

2.三项式或二项式标题。结合实际，可根据需要进行省略。

二、正文

1.开头。简明扼要，紧扣中心，多采用以下两种表达方式。

（1）介绍基本情况，交代工作背景、时间、地点、条件等。

（2）对有关情况进行比较，说明成绩、表明优势、引出下文等。

2.主体。主体是正文最重要的内容，要实事求是，重点突出。

（1）具体做法。采取的措施、方法，步骤，取得的效果及成绩，具体做法最为重要。

（2）问题与教训。工作中存在的问题及给工作带来的影响，分析出现问题的原因。

（3）今后的设想。工作努力的方向、今后的打算、工作发展趋势等。

3.结尾。点明主题。积极乐观，展望工作前景，提出新的目标。若内容在设想中已提到，可省略。

三、落款

写明单位（标题中已标明单位的可省略）和日期。

实操拓展

1.什么是总结？谈谈总结的类型。

2.以下截取的短文是个人工作总结的结尾部分，请指出错误，修改病文。

以上是我个人××××年度工作总结，俗话说："点点滴滴，造就不凡。"在以后的工作中，不管工作是枯燥无味还是多彩多姿，不管是阳光灿烂还是冰封大地，不管是苦还是甜，不管是欢笑还是泪水，我都要不断积累经验，与各位同事一起共同努力，勤奋工作，刻苦学习，努力提高文化素质和各种工作技能，为单位的发展作出最大的贡献。

第八节 会议议程

基础知识

一、概念

会议议程是为使会议顺利召开所做的程序工作，是会议需要遵循的程序。它包括两层含义：一是指会议的议事程序；二是指列入会议的各项议题。

会议日程是将各项会议活动（包括仪式性、辅助性活动）落实到单位时间，凡会期满一天（即两个单位时间）的会议都应当制订会议日程。

二、区别

1.会议议程是整个会议议题性活动顺序的总体安排，不包括会议期间的仪式性、辅助性的活动，会议日程是将各项会议活动（包括仪式性、辅助性活动）落实到单位时间。

2. 会议议程较为程式化，而会议日程更为具体化。

三、特点

针对性、计划性、简明性。

四、作用

简单实用，责任到头，确保会议各项任务圆满完成。

五、写作要求

有的放矢，计划周密，条理清楚，简明扼要。

范文实操 1

××××公司总结表彰大会会议议程

一、时间：××××年1月10日上午10：00

二、地点：集团公司三楼会议中心

三、主持人：集团公司副总经理王××

四、会议内容：

1. 集团公司副总经理王××宣布会议开始；

2. 集团公司党委书记胡××作党委工作报告；

3. 集团公司纪委书记石××作纪委工作报告；

4. 集团公司总经理辛××作公司××××工作报告；

5. 集团公司总经理辛××宣读公司表彰决定；

6. 优秀员工代表郝××登台发言；

7. 由集团公司党委书记胡××等领导为优秀员工颁奖；

8. 集团公司副总经理王××作会议小结；

9. 公司领导与全体优秀员工合影留念；

10. 散会。

总结表彰大会会议筹备组

××××年××月××日

范文实操 2

客户答谢会会议议程

一、会议时间：××××年12月28日上午10：00

二、会议地点：××物流公司××会议中心

三、会议程序：

1. 主持人公司副总经理张××宣布会议开始，介绍主席台成员（3分钟）；

2. 集团公司总经理高××介绍公司运营情况，并致欢迎词（10分钟）；

3. 宣传处播放企业优秀宣传片《奋进中的××物流公司》（10分钟）；

4. 集团公司副总经理常××作《××物流公司规范市场配送承诺》（10分钟）；

5. 优秀员工代表白××作《我为企业发展添砖加瓦》（5分钟）；

6. 优秀客户代表黄××（××公司总经理）登台发言（5分钟）；

7. 主持人公司副总经理张××宣布已签到来宾名单及礼物发放事宜（5分钟）；

8. 文艺团体主持人宣布文艺晚会开始（1小时）。

客户答谢会会议筹备组

××××年××月××日

实操技巧

一、标题

1. 直接写文种，如"会议议程"。

2. 由内容+文种组成标题，如"××××年公司总结表彰大会会议议程"。

二、正文

1. 交代时间、地点、主持人等。

2. 用文字表述会议具体内容。

3. 用表格+文字表述会议具体内容。

三、落款

写明筹备单位（标题中已标明单位的可省略）和日期。

实 操 拓 展

1. 会议议程与会议日程的区别是什么？写作要求是什么？

2. 请结合学习工作实际，完成下列表格中的会议议程。

××××年公司总结表彰大会会议议程

序号	会议主要议程		
	时间	议 题	发言人
1			
2			
3			
4			
5			
6			
7			

第九节　会 议 记 录

基 础 知 识

一、概念

会议记录是指在会议过程中，由专门记录人员把会议情况和会议内容如实记录下来的书面材料。

二、形式

记录有详记与略记之别。略记是记会议大要，会议上的重要或主要言论。详记则要求记录的项目必须完备，记录的言论必须详细完整。

笔录也可借助录音、录像，使记录内容完整地再现会议情境。

三、分类

按照会议性质来分，会议记录大致有办公会议记录、专题会议记录、联席（协调）会议记录、座谈会议记录等。

四、特点

真实性、综合性、指导性、备考性。

五、写作要求

真实准确，具体翔实，重点突出，完整规范。

六、会议记录与会议纪要的区别

1.性质不同。会议记录属事务文书，会议纪要是法定行政公文。

2.功能不同。会议记录一般不公开，会议纪要通常要求贯彻执行。

3.载体样式不同。会议纪要作为公文，其载体为文件，会议记录的载体是会议记录簿。

4.称谓用语不同。会议纪要通常采用第三人称，会议记录贵在"原汤原汁"不走样。

范文实操 1

××××股份有限公司安全生产工作会议记录

时　间：××××年4月1日上午10：00

地　点：公司三楼会议室

主持人：肖××

出席人：董××、王××、李××、海××等12名安全员

记　录：田××

会议议题：讨论《安全生产工作方案（草案）》

肖××：关于安全生产，我们做了大量工作，但也存在不少问题。下面，我们讨论《安全生产工作方案（草案）》。

董××：我认为要定期进行安全监督检查，检查要由每月一次增加到每月两次，每月月底召开安全例会，通报安全工作情况。要建立安全巡检制度，现场巡检员、安全员要对各个部位及时进行巡检并做好记录。

王××：我认为对公司小车、铲车、挖掘机等车辆要进行安全监督，发现违章，要及时制止或通知保卫部处理。

李××：要尽快制定出各岗位安全操作规程，及时对重点工段新员工进行特种工培训。重新给煤气站、配电室、操作台等部位制作安全标志，搞好警示教育。

海××：..。

肖××：今天的讨论会开得很好，大家畅所欲言，充分发表了意见。方案一定要不断修改并进一步完善，因为安全重于泰山。

经过与会人员充分讨论、修改并完善，最后通过了《安全生产工作方案（草案）》。

散会。

主持人（签名）：

记录人（签名）：

范文实操2

××市××公司总经理办公会会议记录

会议时间：	年 月 日 时		星期		天气	
参加人员						
列席人员				主持人		
会议地点				记录人		
会议议题：						
主持人（姓名）：..						
发言人（姓名）：..						
发言人（姓名）：..						
主持人（姓名）：.................................（此处由主持人做小结）						
..............................（此处记录会议通过的议题、决定、决议等）						
散会						
主持人（签名）：						
记录人（签名）：						

实 操 技 巧

一、标题

标题由单位名称、会议名称（含届、次）、文种组成，如"××公司销售工作会议记录"。

二、正文

1.会议基本情况。会议名称（含届的次数）、会议时间、会议地点、出席人、缺席人、列席人（不属于本次会议的正式成员，但与会议有关的各方面人员）；主持人（包括主持人的姓名、职务）、记录人（包括记录者的姓名，必要时注明其真实职务，以示对所作记录的内容负责）。参加会议的人数不多时，可将出席人姓名一一写上；如果参加会议的人数较多，可写明主要出席人，其他出席人记录总数。

2.会议主要内容。

（1）会议议题。

（2）主持人发言。谈会议议程、会议议题等。

（3）与会者发言。发言人的姓名、发言的内容（包括讨论的内容）、提出的建议等。凡是记录发言，都要把发言人的姓名写在前面，必须按照发言顺序记录。

（4）主持人发言并做小结。

（5）通过的决定、决议等。必要时还要记录表决情况（全体通过，或多少人同意，多少人异议，多少人弃权）。

3.结尾。会议结束。记录完毕后，另起一行空两格写"散会"或者"结束"字样。

三、落款

重要的会议记录，要有主持人和记录人在正文右下方签名；一般性会议记录也可不签名。

实 操 拓 展

1.什么是会议记录？谈谈会议记录的分类。

2.请结合实际写一则民族团结座谈会会议记录。

第十节 公约

 基础知识

一、概念

公约是国家、部门、自然人之间就利益问题公开讨论达成一致意见，并共同遵守的规定。

通常我们所说的公约主要是指在国内一定范围内使用的、带有公共性和督促性的文书。

二、特点

1. 公众约定性。公约产生于社会团体或民众之间，有一定的民间特色。它不是正式的法律和法规，对参与者只有道德约束力，没有法律效力。

2. 长期适用性。公约所涉及的内容一般都具有长期的稳定性，因而公约也具有长期适用性，不会在短时间内因为时过境迁而成为废文。

3. 集体监督性。公约一经公众认定，每个人都有履行公约的义务，不得违反。同时，它也是人们互相监督的依据，每个人都有以公约为准则监督别人的义务。

4. 基本原则性。公约的内容在多数情况下都是一些基本道德准则和精神文明建设的原则要求，一般不涉及具体行动方法和实施措施，不像细则那样详尽，因而公约大多短小精悍。

5. 一致认同性。公约是在一个公共协商的基础上拟定的，应得到每个缔约者的认同。就一般情况而言，有弃权票，不影响公约的通过；但有否决票则公约不能被通过，即每个缔约者拥有"一票否决权"；在特殊情况下，有否决票也可以强制通过。

三、类型

部门公约、行业公约、民间公约等。

四、作用

对于维护社会秩序、促进安定团结、加强社会主义精神文明建设有着不可低估的作用。

五、写作要求

遵纪守法，实事求是，原则清楚，条理清晰，一致认同。

范文实操 1

企业员工文明公约

爱党爱国，热爱健康。
四项原则，坚决贯彻。
团队荣誉，尽心维护。
严于律己，诚实守信。
爱岗敬业，尽职尽责。
严谨求实，工作创新。
爱护公物，保护环境。
助人为乐，积极上进。

范文实操 2

校园文明公约

为了创建良好的校园环境，促进校园文明建设，树立优良学风，培养学生高尚的道德情操和文明举止，特对学生文明礼仪作如下规定。

第一条　举止文明，衣着庄重，严禁穿背心、内短裤、拖鞋等到教室、办公室、图书馆、会场及其他公共场所。

第二条　不得在校园内聚众喧哗哄闹，午休时间及夜间熄灯后不得在宿舍楼道内喧哗、吹拉弹唱，影响他人休息。严禁在公共场所吹口哨、跺脚、起哄，严禁在宿舍区内踢球。

第三条　男女交往应文明得体，严禁在公共场所有不雅行为。

第四条　学生不得进入校外"不文明场所"，不听劝告的，予以批评教育；屡教不改者，予以校规校纪处理。

第五条　严禁在建筑物、室内外墙壁、课桌和制图板上乱刻乱画。

⋯⋯⋯⋯⋯⋯

第十四条　上述条例最终解释权归学院学生会。

本公约于××××年12月28日经学院学生代表大会讨论通过，从××××年1月1日起施行。

××××学院学生会

××××年××月××日

实操技巧

一、标题

1.由事由和文种组成，如"校园文明公约"。

2.由制定单位、事由和文种组成，如"××××公司员工文明公约"。

二、正文

1.开头。写明依据、目的、意义、指导思想、适用原则等，如"为提高本社区全体居民自我管理、自我教育、自我服务、自我约束能力，培养……特制定本社区居民文明公约"。

2.主体。写明公约的具体条款，内容复杂的可分章节，简单的可直接分条列项，一般多用条款式书写。

3.结尾。写明公约实施的准确日期、执行权、解释权及其他未尽事宜的解决办法等内容，如"本公约于×××年12月30日经居民大会讨论通过，从×××年1月1日起施行"等。

三、落款

在正文右下方署明单位及时间，标题中有单位的，落款时可省略单位，只写时间。

实操拓展

1.请谈谈公约的特点。公约是行政公文吗？

2.请依据以下材料，写一则市民文明公约。

材料：热爱祖国、建设家乡、自信自强、艰苦奋斗、民族团结、兴业创业、遵纪守法、维护公德、尊师重教、自爱自尊、孝老爱亲、邻里和谐、诚实守信、爱岗敬业、拥军优属、保卫祖国、扶老爱幼、助残济困、移风易俗、崇尚科学、讲究卫生、保护环境、弘扬正气、礼貌待人。

第十一节　规章制度

基础知识

一、概念

规章制度是国家机关、社会团体、企事业单位，为维护正常的工作、劳动、学习、生活秩序，保证国家各项政策顺利执行，依照法律、法令而制定的具有法规性或指导性与约束力的应用文，是各种行政法规、章程、制度、公约的总称。

二、范畴

规章制度的使用范围极其广泛，大至国家机关、社会团体、各行业、各系统，小至单位、部门、班组。

三、作用

规章制度是国家法律、法令、政策的具体化，是人们行动的准则和依据，对社会公共秩序的维护有着十分重要的作用。

四、特点

约束性、权威性、稳定性。

五、种类

规章制度包括行政法规、章程、制度、公约四大类。不同的类别，反映不同的需要，适用于不同的范围，起着不同的作用。

六、写作要求

1. 维护建章立制的权威性，考虑条文内容的可行性。
2. 讲求体式结构的规范性，重视定稿过程的完整性。

范文实操 1

××××公司员工请假管理暂行规定

为严肃公司规章制度，提高工作效率，使公司内部管理更趋制度化、科学化，形成良好的员工自律机制，特制定《员工请假管理暂行规定》。

一、员工因公外出（一天以上三天以内，包括三天），批准程序如下。

1.公司副职领导由公司正职领导批准，方可外出。

2.公司中层领导由公司分管领导批准，方可外出。

3.其他员工由本部门申请、公司分管领导批准，方可外出。

二、员工因私请假，应填写请假单（人力资源部领取），按请假单上的批准程序办理。

三、上述经批准的因公外出和因私请假单，与本部门的考勤表一并存放，作为考勤依据。

四、员工未按上述要求办理请假手续而外出或未上班的，一律作旷工处理，并按相关规章制度作出相应的处理。

五、中层干部超过三天外出者必须由公司正职领导批准，方可外出。

六、未尽事宜由人力资源部作出解释。

七、本规定自××××年10月1日起施行。

范文实操 2

×× 天然气有限责任公司服务承诺制度

第一条　为进一步增强服务意识，提高办事效率，改善发展软环境，根据有关法律、法规、政策，结合公司实际，制定本制度。

第二条　本制度适用于公司各部门及全体员工。

第三条　本制度所称服务承诺制，是指各单位根据职能分工和工作要求，对服务的内容、程序、时限及服务标准等事项向社会作出公开承诺，并严守承诺。

第四条　服务承诺遵循依法、诚信、公开、高效、便民的原则，以提高公共服务水平和公众满意度为目标。

第五条　服务承诺的主要内容：

服务项目和服务标准：……………………………………

办理程序和办理时限：……………………………………

收费依据和收费标准：……………………………………

投诉方式：………………………………………………

保障措施及其他承诺：……………………………………

第六条　各单位应围绕首问服务、即时服务、限时服务、全程服务、规范服务、高效服务、廉洁服务制定服务承诺。单位主要负责人对本单位服务承诺的兑现和落实负总责。

·············

第九条　本规定自××××年12月1日起施行。

实操技巧

一、标题

由制定单位、事由和文种组成，如"××公司员工请假管理暂行规定"。

二、正文

1.开头。写依据、目的、意义、指导思想等，如"为维护公平、公开、合法的市场竞争和正常的价格秩序，根据《中华人民共和国价格法》及国家其他有关法律，制定本规定"等。

2.主体。写明法规的具体条款，内容复杂的可分章节，简单的可直接分条列项，一般多用条款式书写。

3.结尾。说明实施的准确日期、执行权、解释权及其他未尽事宜的解决办法等。

实操拓展

1.请谈谈规章制度的作用，以及规章制度的种类。

2.以下规章制度都属于公约吗？为什么？

《文明市民公约》《安全生产制度》《××地区环保局廉政制度》《全国安全生产委员会专家组工作规则》《南方工业学校图书馆借书规则》《汽车驾驶员守则》。

第四章

公文类

第一节　行政公文概述

基础知识

一、概念

行政公文简称公文，全称公务文书，是机关团体、企事业单位等依法成立的社会组织办理公务时使用的、具有规范体式的应用文。

行政机关的公文，是行政机关在行政管理过程中形成的具有法定效力和规范体式的文书，是依法行政和进行公务活动的重要工具。

二、特点

1.公文具有法定权力的制约性。

2.公文的制发具有程序性。

3.公文格式具有规范性。

4.公文由法定作者制发。

三、种类

1.按照行文关系和行文方向的不同，可将公文分为上行文、下行文、平行文三种。

2.按照紧急程度可将公文分为紧急公文和普通公文两大类。紧急公文又分为"特急"和"急件"两种。

3.按照适用范围分，根据2012年4月16日中共中央办公厅、国务院办公厅发布的《党政机关公文处理工作条例》规定，我国现行的党政机关公文有15种：决议、决定、命令（令）、公报、公告、通告、意见、通知、通报、报告、请示、批复、议案、函、纪要。

四、公文中的常用语

1.开头惯用语：根据、据、近查、最近、自从、为了、由于、关于、按照、遵照、据查、在、随着、现将、当前、目前。

2.引叙词：前接、现接、现经、并经、悉、敬悉、欣悉、特通报（通知、批示、报告）如下。

3.称谓：你、我、本、贵、该。

4. 请示惯用语：敬请、拟请、切盼、希、即希、希望、务请、呈请、提请。

5. 表态词：照办、可行、应、应当、拟应、责成、同意、拟同意、准予备案、请即试行、按照执行、遵照执行、研究办理、迅即办理、可以照办、业已颁布、现予公布。

6. 询问词：妥当、是否可行、如果可行、意见如何、如无不妥、如无不当。

7. 综合词：为此、据此、综上所述、以上各点、鉴此、总之。

8. 批示词：鉴核、批示、批复、示复、函复、函告、周知、批转、转发、查照办理。

9. 结尾词：特此通知（报告、批示、通告、公告）；特予公布为荷；切实执行；严格办理；将……报告给你们；以上意见如无不妥，请批转各地执行；以上意见妥否，请批示。

实操拓展

1. 什么是行政公文？谈谈行政公文的特点。

2. 请熟记以下公文惯用语。

开头惯用语：根据、据、近查、最近、自从、为了、由于、关于、按照、遵照、据查、在、随着、现将、当前、目前。

结尾词：特此通知（报告、批示、通告、公告）；特予公布为荷；切实执行；严格办理；将……报告给你们；以上意见如无不妥，请批转各地执行；以上意见妥否，请批示。

第二节 通告

基础知识

一、概念

通告是适用于在一定范围内公布应当遵守或者周知事项的周知性公文。

二、特点

1. 知照性、告知性、制约性。

2. 专业性。因其内容多涉及具体业务工作，所以具有专业性的特点。

三、种类

1. 周知性通告。在一定范围内公布需要周知或需要办理的事项，政府机关、社会团体、企事业单位均可使用，如施工通告等。

2. 规定性通告。用于公布应当遵守的事项，只限行政机关使用，如"关于禁止燃放烟花爆竹的通告"。

四、使用范围

通告的使用面比较广泛，一般机关、企事业单位甚至临时性机构都可使用，但强制性的通告必须依法发布，其限定范围不能超过发文机关的权限。

五、通告、通知、通报的异同

1. 相同之处：沟通情况、传达信息。

2. 不同之处：告知的对象不同、制发的时间不同、发文的目的不同、发文的作用不同。

六、写作要求

发文及时，内容具体，重点突出，约束力强。

范文实操 1

关于维护安全工作秩序的通告

为进一步做好安全工作，维护安全工作秩序，特通告如下。

一、严禁携带各种凶器、易燃易爆、有毒有害物品进入厂区。

二、外来人员不得随意进入厂区，商务往来人员入厂前应如实登记，并接受相应检查。

三、在职员工不许在工作岗位会客，有急事需会客的，可在门卫室接洽。

四、进入厂区的外来人员应遵守安全守则，不得随意使用厂区任何设备。

五、凡违反本通告规定者，根据《中华人民共和国刑法》《中华人民共和国治安管理处罚法》有关规定，视情节轻重，分别给予处罚。

本通告自公布之日起施行。

×××× 股份有限责任公司

×××× 年 ×× 月 ×× 日

范文实操 2

关于使用定期借记业务结算方式的通告

根据中国人民银行××××分行的通知精神，从××××年××月起，原来使用××市专用委托收款方式结算电费的用户，将统一使用××电子资金转账定期借记系统。为此，请有关用户配合我公司做好以下工作，以便顺利结算电费。

一、请各用户尽快与开户银行联系，按照中国人民银行××××分行的统一要求签订《定期借记业务授权委托书》，并于××××年××月××日前将复印件送达所在区供电公司。

二、部分商业银行由于系统升级更改了开户银行账号格式，请用户在签订《定期借记业务授权委托书》的同时与贵开户银行确认新的银行账号，并于××××年××月××日前以正式公函形式通知我公司…………………………………………………………………………………………。

三、定期借记业务系统投运后，银行系统将不再代为传递电费票据。………………………………………………………………………………………………。

特此通告

××××电力公司

××××年××月××日

实操技巧

一、标题

1.由制发机关＋事由＋文种组成。

2.由事由＋文种组成。

二、正文

1.开头。阐述背景、依据、目的、意义等，常用特定承启句式"为……，特通告如下"。

2.主体。这是全文的核心，写通告事项及执行要求，分条列项，具体内容多采用条款式。

3.结尾。用"特此通告"或"本通告自发布之日起实施"表达。

三、落款

在正文右下方写明发文机关名称及成文日期。

实操拓展

1.什么是通告？谈谈通告的特点。

2.请根据以下材料写一则通告。

写作要求：用词精准、内容完整、格式规范。

标题：关于严厉打击破坏公用设施等不文明行为的通告　发文单位：××××市文明办

创建全国文明卫生城市，是改善居民生活条件和生活质量、提高城市文明素质和文明程度的重要举措，是优化城市发展环境、树立城市良好形象的迫切要求。为此，我市开展了以整治环境卫生、社会秩序为突破口的创建全国文明卫生县城系列活动，从而使城市面貌发生了明显变化。但是，近段时间街头巷尾又出现了乱贴乱画、乱停乱行、乱堆乱放、故意破坏公用设施、践踏花草树木等现象，这是对全市人民共建美好和谐家园劳动成果的有意破坏，这与当前正在开展的创建全国文明卫生县城活动是背道而驰的。

为了切实有效地巩固创建成果，推动创建活动的纵深发展，经市创建全国文明卫生城市领导小组研究决定：一是对故意破坏市容市貌、扰乱社会秩序的一切不文明行为给予严厉的打击，轻则全县通报，重则依法从严从重处罚；二是要求各部门、各村民委员会、各临街门店积极采取措施，严格落实责任，严防死守，严厉打击，杜绝漏洞，不留死角；三是号召全县人民积极行动起来，敢于对一切不文明及不作为的人和事给予举报揭发，凡举报情况属实的将一律予以重奖，并对举报人给予保密。

第三节　通知

基础知识

一、概念

通知是适用于批转下级机关的公文，转发上级机关和不相隶属机关的公文，传达要求下级机关办理和需要有关单位周知或者执行的事项，任免人员的公文。通知一般为下行文或平行文。

二、特点

内容的真实性、目的的告知性。

三、种类

指示性通知、事项性通知、批转性通知、发布规章的通知、任免通知、会议通知。

四、使用范围

下达指示、布置工作、传达有关事项、任免干部等。

五、写作要求

表述清楚，内容具体，重点突出，简明扼要。

范文实操 1

关于召开销售工作会议的通知

各销售分公司：

为扩大××牌电器产品销售，全方位占领市场，××××年，总公司在各省设立了20个销售分公司。经过销售分公司全体员工共同努力，××××年，各省20个销售分公司共实现销售收入5000万元，取得了可喜成绩。为总结经验，吸取教训，进一步做好××××年销售工作，特召开销售工作会议，具体事宜如下。

一、会议内容

通报××××年20个销售分公司工作情况

二、会议时间

××××年1月10日上午10：00

三、会议地点

××××电器股份有限公司办公楼三楼会议中心

四、会议要求

参会员工全部着工装

特此通知

××××电器股份有限责任公司

××××年××月××日

范文实操 2

关于进一步做好中央企业增收节支工作有关事项的通知

各中央企业：

为贯彻党中央、国务院关于国民经济提质增效稳增长的决策部署，落实中央经济工作会议和全国两会精神，我委决定在中央企业开展"降本增效、提质升级"主题活动，充分发挥中央企业在国民经济发展中的"国家队"和"排头兵"作用。各中央企业要围绕主题活动，深入做好开源节流、增收节支各项工作，努力完成全年生产经营目标。现将进一步做好中央企业增收节支工作的有关事项通知如下。

一、开拓市场抓机遇

要统筹用好国内、国际两个市场，加大市场开拓，科学组织生产，进一步增强盈利能力。一要科学研判市场形势，主动适应市场和客户需求变化，合理制定经营策略，抢抓市场机遇。二要做精市场营销，优化营销模式和销售渠道，巩固盈利基础；加快商业模式创新，增强市场开拓能力，抢抓效益稳定的合同订单，提高市场竞争力和影响力。

二、精益管理控成本

要树立一切成本皆可控的理念，运用先进的成本管理模型，分析成本构成及动因，全方位开展行业对标，明确成本压控重点和经济技术指标改进目标，确保营业成本增长低于营业收入增长，成本费用利润率实现稳中有升·················

·················。

三、·················。

各企业要遵照通知精神，狠抓落实，做好增收节支工作。

×××××××××委员会

××××年××月××日

实操技巧

一、标题

1.由制发机关+事由+文种组成。

2.由事由＋文种组成。

二、主送机关

通知的承办、执行和应当知晓的主要受文机关，就是通知的读者。

三、正文

1.开头。写理由、目的、依据。

2.主体。写通知事项，内容多采用条款式。

3.结尾。写要求、希望等，习惯用语"特此通知""做好……工作"等。

四、落款

在正文右下方写明发文机关名称及成文日期。

实操拓展

1.什么是通知？谈谈通知的特点。

2.请根据以下材料写一则会议通知。

写作要求：语言精练，内容完整，格式规范。

材料：×× 省飞跃集团公司，定于 ×××× 年 ×× 月 ×× 日 16：00，在集团公司会议中心召开 ×××× 年节能减排研讨会。要求各分公司经理着正装准时到会。发文单位：×× 省飞跃集团公司。发文时间：×××× 年 ×× 月 ×× 日。主送单位：各分公司。

第四节　通报

基础知识

一、概念

通报是适用于表彰先进，批评错误，传达重要精神或者情况的行政公文。通报一般为下行文。

二、特点

典型性、指导性、时效性。

三、种类

表彰通报、批评通报、情况通报。

四、写作要求

一语中的、概括性强；文风朴实、简洁明快；观点正确、详略得当。

范文实操 1

关于表彰×××等优秀员工的通报

各分公司：

　　××××年，公司全体员工团结协作，奋力拼搏，在流动资金紧缺，机电市场竞争激烈的严峻形势下，取得了销售收入2亿元的骄人业绩。为进一步做好生产和销售工作，顺利完成××××年产销任务，经总经理办公会研究通过，决定对×××等68名优秀员工进行通报表彰。

　　希望受表彰的同志谦虚谨慎，戒骄戒躁，继续努力。也希望全体员工以先进为榜样，忠于职守，爱岗敬业，在各自的工作岗位上为公司的发展再立新功。

　　附件：受表彰的优秀员工名单

××××电器股份有限责任公司

××××年××月××日

范文实操 2

关于对××县擅自停课组织中小学生参加迎送活动的通报

各地、州教育局：

　　××××年12月1日，××县举行××高速公路在本县通车仪式，××县教育部门领导擅自决定，让本县部分中小学校停课参加通车仪式，近千名中小学生在风雪天等候长达2小时，致使部分中小学生生病，学生家长和群众极为愤慨，致信省教育厅要求坚决制止此类现象。

　　中小学依照国家规定建立严格的教育教学秩序，这是教育教学质量的保证，任何单位和个人都不能随意破坏。现在一些地方的个别领导利用自己的权力，动辄调用中小学生为各种会议、考察、参观、访问甚至商业性典礼搞迎送或礼仪活动，有些地方还因此发生了严重的安全事故，造成极恶劣的社会影响。××县发生的问题，已不是一般的形式主义，而是官僚主义，此类不良风气必须坚决予以制止。为此，特对××县教育部门提出严肃批评，纪检部门责令其涉事领导作出深刻检查，并通报全省。

中小学生是祖国的未来，他们的学习和活动安排，要有利他们的学习和身心健康。今后各地区、各部门都必须严格执行国家的有关法律和法规，不得擅自停课或随意组织中小学生参加各种迎送或"礼仪"活动，如确有必要组织的，须报省级教育行政部门批准。

××省教育厅

××××年××月××日

实操技巧

一、标题

1.由制发机关＋事由＋文种组成。

2.由事由＋文种组成。

二、主送机关

直属下级机关或需要了解该内容的不相隶属的单位，即通报的读者。

三、正文

1.开头。写目的、缘由，介绍事实等。

2.主体。作出表彰或处理决定，由什么会议或什么机构决定，给予表彰对象以什么样的表彰和奖励，或者给予批评对象什么样的处分和惩罚。

3.结尾。写希望和要求，提出希望、发出号召。这部分表述的是发文的目的，是通报的思想落脚点。

四、落款

在正文右下方标注发文机关及成文日期。

实操拓展

1.什么是通报？谈谈通报的特点。

2.请以单位党委的名义写一则年度优秀党员表彰通报。

第五节　报告

基础知识

一、概念

报告是适用于向上级机关汇报工作，反映情况，答复上级机关的询问的公文。报告为上行文。

二、特点

行文的单向性、表达的陈述性。

三、种类

1.根据性质的不同，报告可分为综合报告和专题报告两种。

2.根据时间期限的不同，报告可分为定期报告和不定期报告两种。

3.根据内容不同，报告可分为工作报告、情况报告、建议报告、答复报告和递送报告等。

四、写作要求

实事求是，详略得当，主次分明，重点突出，点面结合。

范文实操 1

关于从落实问责制入手加强企业管理工作的报告

集团公司企管部：

×××× 年1月以来，为避免工作扯皮现象，我分公司建立了工人岗位问责制和干部工作问责制，并从以下几个方面开展工作，取得了良好效果，现报告如下。

一、制定岗位考核标准

首先对分公司劳动管理和岗位责任制的现状进行了调查，然后根据赶超国内先进水平的目标和多快好省的要求，制定了工人岗位问责制和干部工作问责制，问责工作要求做到"全、细、严"。……………………………………………

……………………………………………………………………………………。

二、严格按照标准考核

坚持从严考核，用一整套的定额、计量、原始记录和统计，精确地计算每个岗位的工作量和生产效果，科学地分析每项技术操作，使各项经济活动和生产技术操作科学化、规范化、标准化。⋯⋯⋯⋯⋯⋯⋯⋯⋯⋯⋯⋯⋯⋯。

三、根据考核结果实施奖惩

在严格考核的基础上，我们把考核同奖惩紧密结合起来，根据考核结果，做到奖优罚劣，奖罚分明。⋯⋯⋯⋯⋯⋯⋯⋯⋯⋯⋯⋯⋯⋯⋯⋯。

实践证明，制定岗位问责标准，落实问责制，严格按照标准进行考核和根据考核结果实行奖惩三位一体，是把企业各项管理基础工作进一步扎根基层的行之有效的办法。

××××集团雅博公司

××××年××月××日

范文实操 2

关于召开经济工作会议的报告

××州人民政府：

为了贯彻落实全区经济工作会议精神，巩固和发展××××年我州经济社会发展的大好形势（××××年主要经济指标预计完成情况见附件一），迎难而上，后发赶超，我局在充分准备的基础上，计划于××××年1月10日召开全州经济工作会议。会议将结合全州实际，提出明年经济工作总体思路（见附件二），明确明年经济工作的总体目标，为做好明年经济工作奠定良好基础。

特此报告

××州工信局

××××年××月××日

实操技巧

一、标题

1. 由制发机关 + 事由 + 文种组成，如"××部关于××抗灾救灾工作情况的报告"等。

2.由事由＋文种组成，如"关于召开经济工作会议的报告"等。

二、主送机关

直属上级机关，即报告的读者。

三、正文

1.开头。写依据、缘由、目的、意义等，然后用"现将××情况报告如下"转入下文。

2.主体。这是报告的核心部分，用来说明报告的事项，包括工作计划、总体思路、未来展望、措施、方法、意见等。

3.结尾。结语，简明扼要概括全文主题，与开头呼应，或写"特此报告"。

四、落款

在正文右下方标注发文机关及成文日期。

实操拓展

1.报告的写作结构由哪几部分组成？报告的正文由哪几部分组成？

2.请根据以下材料写一则报告。

写作要求：语言精练，内容完整，格式规范。

材料：××××年6月23日凌晨3时45分，××××制衣有限责任公司包装车间不慎起火，酿成火灾事故，烧毁包装设备一台，无人员伤亡，目前事故正在调查中。

发文单位：××××制衣有限责任公司。发文时间：××××年6月24日。主送机关：××市工信局。

第六节　请示

基础知识

一、概念

请示是适用于向上级机关请求指示、批准的公文。

二、特点

针对性、事前性、单一性、批复性、隶属性。

三、种类

请求指示的请示、请求批准的请示、请求批转的请示。

四、请示与报告的区别

1. 请示用于向上级请求指示、批准，上级接文后一定要给予批复。报告则用于向上级汇报工作、反映情况、提出建议、提供信息和经验，上级接文后不一定给予批复。

2. 请示内容具体单一，要求一文一事，必须提出明确的请求事项。报告内容比较广泛，可一文一事，也可一文多事。报告中不能写入请示事项，也不能请求上级批复。

3. 请示涉及的事项是没有进行的，等上级批复后才能处理，必须事前行文，不能先斩后奏。报告可事前、事后、事中行文。

五、写作要求

1. 一事一请示，不得一文多事；单头请示，不得多头请示。

2. 请示只送直属主管机关，不送领导个人，以免破坏规矩。

3. 请示只能逐级，在一般情况下不能越级请示（特殊情况除外）。

4. 请示与报告不能混用，不能将请示写成报告，也不能写成"请示报告"。

5. 请示属于上行公文，行文时不得同时抄送下级机关，以免造成工作混乱。

范文实操 1

关于解决修建成品库资金问题的请示

总公司财务部：

××××年，我公司将继续发挥民用电器产品销售优势，力争××牌系列民用电器产品销售收入突破5000万元。××牌系列民用电器产品属精密电器，对仓储要求较高，严禁风吹日晒进灰尘；否则，将会影响产品质量。因此，产品不能存放在露天，必须存放室内。

目前，我公司只有一栋2000平方米成品库，根本无法满足库存需要。为此，特申请解决建设资金600万元，修建3000平方米钢结构成品库一栋。

以上请示妥否，请批复。

××××电器股份有限责任公司

××××年××月××日

范文实操 2

关于核拨企业残疾职工节日慰问金的请示

××××市财政局：

××××年元旦、春节将至，为了积极协助党委、政府落实保民生、保稳定的各项政策，总工会准备加大对企业残疾职工帮扶力度，开展"心系职工情，温暖进万家"主题活动，让企业残疾职工高高兴兴欢度新春佳节。

目前，我市现有企业残疾职工 558 人，节日慰问金按每人 1000 元计算，总计需要支出节日慰问金 55800 元，请财政予以核拨。

特此请示，请批复。

××××市总工会
××××年××月××日

实操技巧

一、标题

1.由制发机关＋事由＋文种组成，如"××××市总工会关于核拨企业残疾职工节日慰问金的请示"等。

2.由事由＋文种组成，如"关于解决修建成品库资金问题的请示"等。

二、主送机关

直属上级机关，即请示的读者。

三、正文

1.开头。写请示的原因、理由、背景、前景、意义等。

2.主体。指出问题所在，解决问题的依据、建议、方案、办法等。提出的方案，必须符合国家有关方针、政策，切实可行，不可上交矛盾。主体是正文的核心部分。

3.结尾。结束语，常用"以上请示妥否，请批复""特此请示，请批复""是否妥当，请批示""妥否，请批示""如无不妥，请批转有关单位执行"等。

四、落款

在正文右下方标注发文机关及成文日期。

实操拓展

1. 什么是请示？谈谈请示的特点。

2. 请进行概念辨析（正确的打√，错误的打 × ）。

（1）请示适用于向上级机关请求指示、批准。

（2）请示应当一文一事，一般只写一个主送机关，需要同时送其他机关的，应当用抄送形式，但不得抄送其下级机关。

（3）报告中可以夹带请示事项，也可以写成请示报告。

（4）请示可以越级，也可以直接呈送上级直属机关领导本人。

（5）请示可以事前、事后、事中行文，也可以先斩后奏。

（6）报告和请示都属于双向行文，上级机关都必须按时批复。

第七节　函

基础知识

一、概念

函是不相隶属机关之间商洽工作、询问、答复问题，请求批准和答复时所使用的公文。

二、特点

1. 沟通性。函对于不相隶属机关之间相互商洽工作、询问和答复问题起着沟通作用。

2. 灵活性。一是行文关系灵活。函是平行公文，但是它除了平行行文外，还可以向上行文或向下行文，没有严格的特殊行文关系的限制。二是格式灵活。除了国家级的函必须按照公文格式外，撰写便函，则可不套红头，不编发文字号，灵活方便。

3. 单一性。内容单一，一份函只写一件事。

三、种类

1. 按性质可分为公函和便函。

2. 按发文目的可分为发函和复函。

3.按内容和用途可分为商洽事宜函、通知事宜函、催办事宜函、邀请函、请示答复事宜函、转办函、催办函、报送材料函等。

四、作用

相互商洽工作、询问和答复问题、请求主管部门批准。

五、写作要求

行文简洁明确，用语把握分寸；讲究时效，迅速及时；语气诚恳，态度谦逊。

范文实操 1

关于代培统计人员的函

××金融管理干部学院：

得悉贵院将于××××年10月10日举办统计人员业务培训班，系统讲解统计工作相关知识，我公司拟派 10 名统计员前往贵院参加培训，代培所需费用我公司将如数拨付。

请复函。

××××电器股份有限责任公司

××××年××月××日

范文实操 2

关于同意将 ×× 海关升格为正厅级机构问题的复函

×× 市人民政府：

×× 市人民政府《关于将 ×× 海关升格为正厅级机构的请示》（× 政〔××××〕×× 号）收悉。经研究同意，现函复如下：

同意将 ×× 海关升格为正厅级机构，不增加人员编制。

其他有关事宜，请你们与有关方面协商办理。

×× 省人民政府

××××年××月××日

实操技巧

一、标题

1.由制发机关＋事由＋文种组成，如"国务院办公厅关于××××××问题的函"等。

2.由事由＋文种组成，如"关于代培统计人员的函"等。

二、主送机关

函的读者。

三、正文

1.开头。写发函的目的、根据、原因等，然后用"现将有关问题说明如下"或"现将有关事项函复如下"等过渡语转入下文。

2.主体。这是函的核心内容，主要说明致函事项。如果属于复函，要注意答复事项的针对性和明确性。

3.结尾。一般用礼貌性语言向对方提出希望，或请对方协助解决某一问题，或请对方及时复函，或请主管部门批准等。

四、落款

在正文右下方标注发文机关及成文日期。

实操拓展

1.什么是函？谈谈函的特点。

2.病文改错。以下公函正文问题较多，请修改。

本公司新近上岗的秘书人员缺乏公关礼仪、实用秘书写作等专业知识，让我们很困扰，业务素质亟待提高。听说贵院将开办涉外秘书培训班，系统讲授涉外秘书专业知识。本公司涉外业务较少，不知是否合适派人培训？为尽快提高本公司秘书人员从业素质，我们拟选派4名秘书人员前往贵院参加培训。

第八节　会议纪要

基础知识

一、概念

会议纪要是适用于记载和传达会议情况及议定事项的公文。会议纪要产生于会议后期或者会后，属纪实性公文。

二、特点

内容的纪实性、表达的要点性、称谓的特殊性。

三、种类

工作会议纪要、座谈会议纪要、联席会议纪要、办公会议纪要、汇报会议纪要、技术鉴定会议纪要、科研学术会议纪要等。

四、作用

会议纪要具有通报情况、交流信息、指导工作、执行政策等作用。

五、写作要求

1. 称谓的特殊性。会议纪要一般采用第三人称写法。由于会议纪要反映的是与会人员的集体意志和意向，常以"会议"作为表述主体，"会议认为""会议指出""会议决定""会议要求""会议号召"等就是称谓特殊性的表现。

2. 忠实于会议内容。可以对与会者的发言进行概括和提炼，也可适当删节，但不可凭空增添内容和篡改原意。

3. 要正确地集中会议意见，没有取得一致意见的，一般不写入会议纪要。

4. 要抓住要害来写，重点突出，主次分明，会议纪要不能写成会议记录。

5. 要善于归纳，即对会议内容作分类整理和理论概括。归纳概括会议情况的主要依据是会议的原始记录、会议印发的文件、领导人的讲话稿等。

范文实操 1

××宏大电工股份有限责任公司
关于金属原材料储备工作会议纪要
（××××年××月××日）

　　××××年3月20日，××宏大电工股份有限责任公司总经办召集××华兴电器股份有限责任公司等十家股东，召开了大宗金属原材料储备工作会议。会议由总经理×××主持，董事长×××、副董事长×××出席了会议。现将会议确定主要事项纪要如下。

　　一、囤积原料

　　看准市场行情，预订铜、铝大宗金属原材料各2000吨，以防主要生产原材料继续涨价。

　　二、筹措资金

　　十家股东各出资500万元，筹措流动资金5000万元，三日内到账，全部用于大宗金属原材料储备。

　　三、××××（略）

范文实操 2

××市人民政府办公厅关于协调解决景华大街66号
房屋使用权问题办公会会议纪要
（××××年××月××日）

　　××××年××月××日上午10：00，市人民政府办公厅×××主任主持召开会议，协调解决景华大街66号房屋使用权问题。参加会议的有市房屋管理局、市宏业设备租赁公司、市幸福宾馆等有关部门负责同志。

　　会议认为，景华大街66号房屋使用权问题，是历史遗留问题。本着尊重历史、面对现实、互谅互让、共谋发展的原则，经协商、讨论，会议研究通过如下事项。

　　一、市宏业设备租赁公司将景华大街66号房屋的使用权交还幸福宾馆.........

二、考虑到市宏业设备租赁公司已在景华大街66号经营30年，并投入大量资金及设备，搬迁损耗较大，故市人民政府、市幸福宾馆一致同意，给予其固定资产投资和搬迁等一次性补偿费用95万元，其中市人民政府承担15万元，幸福宾馆承担80万元 ⋯⋯⋯⋯⋯⋯⋯⋯⋯⋯⋯⋯⋯⋯⋯⋯⋯⋯⋯⋯⋯⋯⋯⋯⋯⋯⋯⋯。

三、市人民政府和幸福宾馆的补偿款于××××年××月××日前划拨给市宏业设备租赁公司，此项工作由市人民政府办公厅督办完成 ⋯⋯⋯⋯⋯⋯⋯。

实操技巧

一、标题

1. 由制发机关＋会议名称＋文种组成，如"××省××委关于创建资源节约型企业会议纪要"等。

2. 由会议名称＋文种组成，如"关于'扫黄打非'工作会议纪要"等。

二、成文日期

写于标题下居中位置，此写法居多，也可写于正文右下方位置。

三、正文

1. 会议概况。主要包括会议时间、地点、名称、主持人、与会人员、基本议程等。

2. 会议的精神和议定事项。一般包括会议内容、具体事项、经验、做法、意见、措施、要求、意义等，此项内容是会议纪要的核心部分。会议纪要的核心部分根据会议性质、规模、议题等内容的不同，大致有集中概述法、分项叙述法、发言提要法等。

实操拓展

1. 什么是会议纪要？会议纪要的正文如何写？

2. 会议纪要的称谓具有特殊性，请熟记以下关于会议纪要称谓特殊性的陈述。

会议纪要一般采用第三人称写法。由于会议纪要反映的是与会人员的集体意志和意向，常以"会议"作为表述主体，"会议认为""会议指出""会议决定""会议要求""会议号召"等就是称谓特殊性的表现。

第五章

礼仪类

第一节　贺词

基础知识

一、概念

贺词也叫祝词或祝贺词，是对受贺者一方的喜庆之事及重大活动表示祝贺的言辞。贺词经常与祝词通用。

二、类型

1. 从场合划分有会议贺词、宴会贺词等。

2. 从表达方式分有口头贺词、书面贺词等。

3. 从内容划分有周年纪念、婚礼、节日、寿辰贺词等。

三、写作要求

1. 用简洁的语言表达衷心的祝贺和美好的祝愿。

2. 评价及赞美要实事求是，客观公正。

范文实操 1

××集团董事长兼总经理新年贺词

李××

尊敬的各位员工：

大家好！

日月开新元，天地又一春。值此新春佳节来临之际，我谨代表集团董事会向默默无闻工作在一线的全体员工，致以最亲切的慰问和最诚挚的祝福。

过去的一年，是××集团发展史上不平凡的一年，是广大员工团结拼搏的一年，是开拓创新、改革奋进的一年。过去一年的成绩来之不易，这些成绩的取得，凝聚着各级领导的亲切关怀，凝聚着社会各界的大力支持，更凝聚着全体员工的辛勤汗水。

展望未来，重任在肩。"十四五"时期是我国经济发展的关键期，是我市实现国民经济持续健康发展的关键期，也是集团全面实现标准化管理与操作、实现销售与生产再跃新台阶、集团产业链协作发展再扩规模的关键期。为此，我们必须珍惜所取得的成绩，把握好今天的契机。

在新的一年，我们将继续高举中国梦的精神旗帜，牢固树立和自觉践行发展新理念，以队伍建设为核心，大力深化企业改革，不断推进科技创新，建立并完善符合现代科学技术和产品发展规律的管理体制和运行机制，把企业做强，让员工满意。

最后，恭祝大家身体健康、阖家幸福、万事如意！

谢谢！

×××× 年 ×× 月 ×× 日

范文实操 2

在庆祝三八妇女节会议上的贺词

蒋××

尊敬的各位女教职工：

在一年一度的三八妇女节来临之际，我谨代表学校向奋战在一线的全体女教职工表示节日的祝贺，并致以最诚挚的慰问。

在我校教职工队伍中，女教职工占据很高的比例，全体女教职工对教育的执着与热爱是我校的一笔宝贵财富，是我校教育工作取得辉煌成就的坚强后盾。在过去的教育工作中，全体女教职工充分发扬了巾帼不让须眉的顽强作风，高质量、高标准地完成了学校安排的各项工作任务，工作业绩可圈可点。有太多虚心上进的教坛新秀，有太多深受欢迎的骨干教师，有太多备受尊敬的学科带头人……可爱的女教职工，用知识与勤劳绘就了学校最美的风景。

时代在前进，事业在发展。在今后的工作中，希望全体女教职工继续发挥自身优势，将自尊、自信、自立、自强的女性精神传递给学生，用行动诠释人生，用智慧启迪未来。

最后，再祝全体女教职工节日快乐！

谢谢！

×××× 年 ×× 月 ×× 日

实操技巧

一、标题

1. 只写明文种贺词。

2. 场合 + 文种或致辞人 + 场合 + 文种。

二、称呼

接收单位的名称或个人姓名，一般在前面加上"尊敬的""亲爱的"等修饰语。

三、正文

1. 开头。简略说明祝贺事由。

2. 主体。概括评价被祝贺对象的事迹和品格，热情赞颂其所取得的成绩，同时还可以说明自己祝贺的意义和作用。

3. 结尾。展望未来美好前景，也可提出希望或要求，并再次表示衷心祝贺。

四、落款

在正文右下方标注单位或个人的名称与时间，若标题下已标明致辞人和时间，落款则略。

实操拓展

1. 什么是贺词？写作要求是什么？

2. 病文改错。以下贺词正文问题较多，请修改。

太阳照，鸟儿叫，花儿笑，考试到。昨天的努力，明天的骄傲。满怀信心上考场，一分付出百倍回报。祝你考试顺利，金榜题名，一飞冲天！

第二节　祝词

基础知识

一、概念

祝词也叫献词、致辞、贺词或祝贺词，常用于重大节日、重要会议、宴请招待等场合，是表示祝贺、祝愿、感谢，或者表示共勉的礼仪文体。

二、类型

1. 从场合划分有会议祝词、宴会祝词等。

2. 从表达方式划分有口头祝词、书面祝词等。

3. 从内容划分有节日祝词、毕业祝词等。

三、贺词与祝词的区别

1. 祝词主要用于事情未果，表示祝愿、希望的意思；贺词一般是事情既果，表示庆贺、道喜的意思。

2. 祝词一般在具体的庆贺场合使用，有的还通过口头致辞、现场宣读的形式表达；贺词一般要以书面文字的形式写出，以电报形式发出的称为贺电。

3. 祝词应酬交际性强，一般在一定社交场合，根据特定需要，向对方表示祝愿和希望，而且短小简洁；贺词的内容更充实、丰富，相对而言，篇幅较祝词长。

四、写作要求

1. 语言庄重典雅，富有文采，热情、喜悦、鼓励、希望、褒扬，感情真挚，短小精悍。

2. 评价及赞美要实事求是，客观公正。

范文实操 1

在答谢客户新年茶话会上的祝词

齐××

各位来宾、先生们、女士们：

大家好！

值此新春到来之际，我谨代表公司并以个人名义，向各位客户致以新年的祝福和最诚挚的慰问。

感谢一直以来与我们并肩战斗，经历风雨的客户们，感谢你们多年来辛勤的付出和大力支持，感谢你们选择了××品牌，选择了××食品集团有限公司，公司愿与你们一起，在新的一年里克服困难，携手共进。

鞭炮声伴随着新春的喜庆气息，我们正迈步走在××××年的希望大道上。展望××××年，我们信心百倍、踌躇满志。我们将继续完善自己、充实自己、健全机制，以更加积极的姿态与时俱进，开拓进取。

最后，衷心祝愿大家身体健康，事业顺利！

谢谢！

×××× 年 ×× 月 ×× 日

范文实操 2

在大学毕业典礼上的祝词

袁 ××

亲爱的老师们、同学们：

对于一所大学来说，每年的这个季节，既是收获的季节，也是别离的季节。我相信，在座的每一位老师、每一位同学都如我一样满怀依依不舍的惜别之情。在此，我代表学校，向圆满完成学业的 3898 名毕业生表示真诚的、热烈的祝贺！

同学们，短短几年，你们在获取知识的同时，在思想、道德和能力上也实现了新的跨越，在为人、为学、为事各个方面更加成熟。我十分高兴地看到，在此届毕业生中，有 658 名同学光荣地加入了中国共产党；有 68 名同学被评为省级优秀毕业生；有 696 名同学被评为学校优秀毕业生。此时此刻，我要高声赞扬那些刻苦攻读的同学，真诚感谢乐于奉献的老师。×××× 届毕业生给我留下了许多美好记忆……………………………………………………………。

衷心希望同学们满怀信心地奔赴人生新的旅程，承担起更加繁重的使命和责任。相信同学们一定能不负重任，和母校同成长，与母校共辉煌。

祝同学们平安幸福、前程似锦！

谢谢！

×××× 年 ×× 月 ×× 日

实操技巧

一、标题

1.只写明文种祝词。

2.场合 + 文种或致辞人 + 场合 + 文种。

二、称呼

接收单位的名称或个人姓名，一般在前面加上"尊敬的""亲爱的"等修饰语。

三、正文

1. 开头。简略说明祝贺事由。

2. 主体。概括评价被祝贺对象的事迹和品格，热情赞颂其所取得的成绩，同时还可以说明自己祝贺的意义和作用。

3. 结尾。展望未来美好前景，也可提出希望或要求，并再次表示衷心祝贺。

四、落款

在正文右下方标注单位或个人的名称与时间，若标题下已标明致辞人和时间，落款则略。

实操拓展

1. 什么是祝词？写作要求是什么？

2. 病文改错。以下新年祝词问题较多，请修改。

新年祝词

姚××

时间，是一辆驰骋的列车。这一站，驶进××××年。

年龄越大，越觉时间过得匆匆。××××年年初，原本列好计划，要做好多好多事；一年之中，不怠不懒，如同一只快乐的小蜜蜂。直到年底，蓦然回首，还有好多事情摆在那里，纹丝不动。只是，××××年已经悄然不见了踪影。

虽然如此，但是对你，我从来不曾放松过半点神经。因为对于我这个老师而言，最温暖的体验是跟你在一起；最自豪的事业，就是看着你一天一个变化；最伟大的梦想，就是助你一臂之力，让你出彩，伴你成长。要么，我会在你的身后推你一把；或者，我会跑到前头拉你一下。比如，参加挑战杯比赛，你心里没底，信心不足，我就和老师们一起，给你加油打气，或者请来专家，或者指定教师，为你出谋划策，辟出蹊径。

沧海横流，方显英雄本色。别人都在弄潮，你也该大显身手；别人都在小跑，你也要追上步伐。因为你今天不走，明天就要跑。请你惜时历练，把花在床上的时间、游戏屏幕前的时间无限缩短，把你到图书馆、到教室、到书上遨游的时间无限延长。不厚积，无以薄发。

你是那片花海，我是一介园丁。满怀豪情希望，静等花香扑鼻。新年，我在期待，只要共同努力，就能一起辉煌！

第三节　欢迎词

基础知识

一、概念

欢迎词是指行政机关、企事业单位、社会团体或个人在公共场合对友好团体或个人莅临表示热烈欢迎的带有礼仪性质的应用文书。

二、特点

礼仪性、针对性、篇幅简短。

三、类型

按使用范围划分，包括国事活动、各种会议、参观交流、新员工报到、新同学报到等欢迎词。

四、写作要求

感情真挚，彬彬有礼，简洁精练，朗朗上口，明确对象，语气委婉。

范文实操 1

新员工入职欢迎词

隋××

各位新同事：

大家好！

首先，热烈欢迎各位加入××××公司，从今天起，你们将成为公司的重要成员，我们将在共同信任的基础上，共同进步。

××××公司是一个大型高科技民营企业。长期以来，公司以高新技术为起点，着眼于大市场、大系统、大循环、大结构，引入国际服务理念和标准，以业绩为导向，简化流程，加强制度和标准化建设，强化执行力，推行内部审计和问责制，全面提升服务队伍的综合素质；公司重视改善配件供应，合理引导客户的期望值，努力引领企业潮流，从而实现了客户、企业、员工三赢目标。

进入××××公司，并不意味着高待遇，公司是以贡献定报酬，凭责任定待遇。公司要求每位员工要热爱伟大的祖国，热爱伟大的中华民族，热爱自己的企业，遵守公司的管理制度，提倡"先做人，后做事，品质改变世界"；提倡严于律己，宽以待人；提倡坚持真理，开展批评和自我批评；提倡帮助他人，快乐自己。

最后，希望大家能尽快融入××××公司这个大家庭，努力为公司多作贡献。同时，也希望大家能够胜任这份工作，愉快地工作。

××××年××月××日

范文实操2

在××××级新生欢迎会上的讲话

郭××

亲爱的××××级新同学：

大家好！

秋风送爽，满目金黄，在这个美丽的季节，我们迎来了××××级新同学。相逢是首歌，相聚是欢乐，学院全体师生对新同学的到来，表示最热烈的欢迎，欢迎你——新同学！

"宝剑锋从磨砺出，梅花香自苦寒来。"带着父母的嘱咐，带着期盼，同学们踏入心中向往已久的大学校园，一切都会陌生而新奇。新的环境、新的面孔、新的起点……感慨之余，同学们会发现，拥有60多年办学历史的××××大学有着深厚的文化底蕴、优良的学习环境，有着一支以教书育人、管理育人和服务育人为宗旨的良师益友队伍，有着一群团结友爱、善于创造、朝气蓬勃的可爱的学长。我相信同学们会很快适应这里的学习生活，因为这里有老师父母般的关怀与教导，有同学兄弟姐妹般的关心与帮助。

来到这里，同学们将拥有更加广阔的舞台，团委、学生会、青年志愿者协会、各种学生社团都将会为同学们提供展现自我的平台，为同学们的成长提供助力，使同学们的课余生活丰富多彩。同学们可以参加演讲比赛、书画大赛、舞蹈大赛等各类赛事，一展风姿。总之，只要你优秀，只要你有勇气，你总能有机会一显身手。"长风破浪会有时，直挂云帆济沧海。"让我们揽万卷文采，汲百代精华，踏实地走好每一步，共同携手，用激情、智慧和努力，在这片新的天地里，谱写绚丽多彩的青春之歌。

让我们以热烈的掌声再次欢迎新同学的到来!

最后祝同学们在校期间学习进步,快乐幸福!

×××× 年 ×× 月 ×× 日

实操技巧

一、标题

1. 由"致辞人 + 事由 + 文种"组成,如"周恩来总理在欢迎尼克松及夫人宴会上的欢迎词"。

2. 由"事由 + 文种"构成,如"×××× 级新生欢迎词"或"在 ×× 欢迎会上的讲话"。

3. 直接用"欢迎词"做标题。

二、称呼

在标题下一行顶格写参与该会议或活动的来宾的称呼,必须在宾客的称谓前加上"尊敬的""敬爱的"等敬语。

三、正文

1. 开头。说明欢迎事由,简要交代致辞人身份。

2. 主体。阐述本次宾客到访的重要意义和作用,回顾宾主双方的长期交往与牢固友谊,赞扬双方之间的友好合作,还可具体介绍来宾在各方面的成就及在某些方面作出的突出贡献。对初次来访者,可多介绍本组织的情况。

3. 结尾。表示对来宾的良好祝愿,同时也可提出共同的希望。

4. 敬语。另起一行,表达祝愿或表示敬意。

四、落款

1. 在文章右下方署名并标明时间。

2. 在标题下署名,落款时只标明时间。

3. 现场发言时可以不用落款。

4. 用于媒体发表的必须署名,可落款也可不落款。

实操拓展

1. 什么是欢迎词?欢迎词的特点是什么?

2. 作为学长,请你写一篇迎接新生的欢迎词。

写作要求：按照欢迎词的写作结构及语言风格进行实操拓展。结合实际，自拟标题，语言朴实，突出主题，400字以上。

第四节　欢送词

基 础 知 识

一、概念

欢送词是行政机关、企事业单位、社会团体或个人在公共场合欢送友好团体离开或个人出行时表示感谢、欢送之意的带有礼仪性质的应用文书。

二、欢送词与欢迎词的区别

欢送词不能像欢迎词那样热情洋溢，而应当含蓄低调，对接待不周之处表示歉意，表达主人的依依惜别之情。

三、写作要求

1. 真挚恳切，谦虚朴实。
2. 委婉表达照顾不周的歉意，简要叙别和传达希望宾客再访的愿望。

范文实操 1

欢送词

韩××

亲爱的朋友们：

大家晚上好！

今天是一个令人欣喜而又值得纪念的日子，因为×××同志将要公派出国学习深造。这既让我们为×××同志能有这样的机会而感到高兴，也使我们依依惜别、难舍难分。

×××同志多年来一直工作在生产科研一线，他才思敏捷，好学上进，思想作风正派，忠于职守，爱岗敬业；他遵守公司各项规章制度，服从分配，尊敬领导，与同事之间关系融洽，具备良好的个人综合素质。俗话说没有什么人是不可缺少的，这话通常是对的，但是对于我们来说，没有谁能够取代×××同志的位置。尽管我们将会非常想念他，但我们还是祝愿他事业更好、未来更好。

在这里，我代表全体员工对×××同志为公司所作出的努力表示衷心的感谢，同时也希望全体员工以×××同志为榜样，敬业勤业，奋发有为。"莫愁前路无知己，天下谁人不识君。"我们由衷地希望×××同志继续努力，积极进取，早日学成归国。

最后，让我们共同举杯，为×××同志送行！

祝×××同志家庭幸福，万事顺意！

×××× 年 ×× 月 ×× 日

范文实操 2

欢送词

何 ××

亲爱的同学们：

时光匆匆，岁月悠悠。夏日的××××学院又迎来了一年一度的欢送季。充满青春活力、结满累累硕果的你们，将要告别美丽的学府，走出诗画的校园，奔赴各地，踏上人生新的征程。万语千言化作一句话：××××学院是你们人生航程的起点，也是你们强健身心的基地，更是你们规避风浪的港湾。

登高伤远别，鸿雁几行飞。告别母校，希望你们鼓起昂扬斗志，更加自信自立，更加勇敢坚强，积极面对各种困难，勇于直面各种挑战；告别母校，希望你们领悟珍惜和感激，珍惜师生情、朋友情、同学情，感激父母及所有对你们有帮助的人，努力做传播爱与文明的使者；告别母校，希望你们正确处理好就业、择业和创业的关系，脚踏实地走好每一步。

展望未来，我们深情伫望，伫望你们张开隐形的翅膀，翱翔蓝天，放飞梦想；我们热切期待，期待你们面带成功的欣喜，荣归母校，畅叙情怀。

祝你们一帆风顺，一路欢歌，拥有更加美好的未来！

×××× 年 ×× 月 ×× 日

实操技巧

一、标题

1. 直接用"欢送词"做标题。

2. 由"致辞人＋事由＋文种"构成。

3. 由"事由 + 文种"构成。

二、称呼

在标题下一行顶格写参与该会议或活动的来宾的称呼，必须在宾客的称谓前加上"尊敬的""敬爱的"等敬语。

三、正文

1. 开头。先向宾客表达欢送、留恋、惜别之情。

2. 主体。回顾欢聚的美好时光，积极肯定双方建立、维护或发展友好关系的意义、影响；赞颂彼此为之作出的努力，尤其注重强调双方的贡献，还可以委婉表达照顾不周的歉意。

3. 结尾。表达真诚的欢送、感谢或惜别之情。

4. 敬语。另起一行，表达祝愿或表示敬意。

四、落款

1. 在文章右下方署名并标明时间。

2. 在标题下署名，落款时只标明时间。

3. 现场发言可以不用落款。

4. 用于媒体发表的必须署名，可落款也可不落款。

实 操 拓 展

1. 什么是欢送词？写作要求是什么？

2. 王××的好友李××已应征入伍，在欢送会上王××读了一篇欢送词，请你仔细阅读，并指出不妥之处。

欢送词

李××：

今天是一个光荣的日子！你这个热血青年，经过严格的体检和政审，即将跨进军营，成为一名光荣的中国人民解放军武警战士。在此，我代表好友们向你表示热烈祝贺！

中国人民解放军武装警察部队是具有优良传统的人民军队，是光荣的战斗集体，是保家卫国的坚强柱石，是威武之师、文明之师，也是锻炼和培养人才的大学校、大熔炉。能够成为这支钢铁军队中的一员，值得骄傲和自豪。在这亲情悠悠、临别依依的时刻，我向你寄予三点期望：

一是胸怀大志，建功立业。好男儿志在四方，无论你身处何地，只要是党和人民所需要的，就应该在那里建功立业。二是报效祖国，无愧我心。身为军人，肩负着保家卫国的重任，必须时刻牢记祖国的利益高于一切，要冲锋在前，吃苦在先，不计个人得失，报效祖国。三是千锤百炼，立志成才。把握这次人生难得的机遇，脚踏实地，认真学习，苦练本领，不怕牺牲，不畏艰险，努力奋斗，在部队这个大熔炉里千锤百炼，成为有用之材，成为栋梁之材。

愿你们披上戎装的翠绿，让生命之树永远常青；愿你留住军徽的光明，让坦荡心胸永远火红！

第五节　请柬

基础知识

一、概念

请柬，俗名请帖，是单位或个人邀请有关人士出席隆重会议、典礼或参加某项活动时发出的礼仪性邀请通知书。

二、特点

快捷简便、庄重典雅、使用广泛。

三、类型

1. 告知式。主要目的在于将邀请参加有关活动的信息通知有关人士。

2. 庆祝式。社会组织通过各种庆典，提高知名度，将邀请参加活动的信息通知有关人士。

3. 广告式。没有一一对应的具体邀请对象，往往刊登在大众传播媒体上，或利用投递等广告传播方式，向较大范围的社会公众发出邀请。

四、写作要求

1. 短小简练、要言不烦，文字精美、语言得体。

2. 感情真挚、言辞恳切，通顺晓畅、一目了然。

范文实操 1

请　柬

省教育厅××厅长：

今年教师节，恰逢我院成立五十周年纪念日，我院拟定于 9 月 10 日上午

10：00，在学院启航厅举行大型庆典活动，恭请拨冗光临。

×××× 学院

×××× 年 ×× 月 ×× 日

范文实操 2

请　柬

×× 电视台：

　　兹定于 ×××× 年 3 月 8 日 16：00，在 ×××××× 学院博学楼会议中心举行庆祝三八妇女节歌咏比赛。

　　恭请光临！

×××××× 学院

×××× 年 ×× 月 ×× 日

实操技巧

一、标题

在首行居中写"请柬"或"请帖"。

二、称呼

顶格写全称，如"×× 先生""×× 总公司"等。

三、正文

1.内容。写明活动的意义、内容、时间、地点、方式等，若有其他特殊要求也需注明，如"请准备发言""请准备节目"等。

2.敬语。写礼节性问候语或恭候语，如"敬请光临""恭候指导""若蒙光临，不胜荣幸"等。注意不能用"准时"代替"届时"。

四、落款

在正文右下方，写邀请方名称和发柬时间。

实操拓展

1.什么是请柬？请柬的特点是什么？

2.情景写作：项羽邀请刘邦赴鸿门宴，请你来再现这份请柬。

话说当年鸿门宴上，刀光剑影，险象环生。亚父掷佩，决意灭刘；项庄舞剑，意在沛公。

第六节　邀请函

基础知识

一、概念

邀请函是党政机关、企事业单位和社会团体在举行各种纪念活动、重要会议、宴会、茶话会等活动时所常用的一种应用文体，又称邀请书、邀请信。

二、特点

凭证性、集体性。

三、邀请函与请柬的区别

1.邀请函比请柬内容复杂。

2.邀请函一般多用于单位邀请，很少用于个人，个人邀请一般用请柬。

四、写作要求

1.起草之前要充分了解邀约活动的各方面情况。

2.措辞得体、委婉、礼貌、热情、周到。

范文实操 1

邀请函

××××大学招生办公室：

为做好普通高校招生宣传工作，兹定于××××年7月5日，举办"××市××××年全国高校招生咨询会"，敬请贵校参加。

1.报到时间：××××年7月4日；

2.报到地点：××市南区胜利路110号××××报社1楼大厅，报到时须持本邀请函（原件），同时交纳展位费2600元/个，食宿自理；

3.咨询会时间：××××年7月5日9：00—14：00；

4. 咨询会地点：××市科技交流中心6号馆；

5. 联系电话：139×××××××。

××市招生考试办公室

××××年××月××日

范文实操2

关于建筑工程招标邀请函

××建设集团：

××××××学院9号教学楼工程是我市今年计划建设的重点项目。经请示，××市人民政府同意采取招标的方式进行发包。多年以来，贵单位工程质量过硬，企业信誉良好，故邀请贵单位参加建筑工程施工投标。

随函邮寄"工程施工招标公告"1份。接函后，如同意，望于××××年3月1日上午10：00到×××市建设局招标办领取"投标文件"，并请按规定日期参加工程投标。

地址：××市和平北路106号

联系人：康××

电　话：136×××××××

××市建设局

××××年××月××日

实操技巧

一、标题

1. 在首行居中写"邀请函""邀请信"。

2. 由事由+文种组成，如"关于××会议的邀请函"。

二、称呼

顶格写被邀请者的姓名或单位名称，姓名之后可以加职务或尊称，单位名称要用全称。

三、正文

1. 内容。活动的意义、目的、时间、地点、方式、邀请原因及被邀请对象应做的工作等。

2. 敬语。礼貌用语。结合活动内容，另起一行空两格写"欢迎指导""恳请光临"等。

四、落款

在正文右下方写邀请单位全称，并注明时间、加盖公章。

实操拓展

1. 什么是邀请函？邀请函与请柬有什么区别？
2. 病文修改。

商务年会邀请函

尊敬的会员及各相关企业：

为帮助 ×× 市企业开拓国际市场，了解国外各行业的生产及市场前沿信息，加强国际经贸交流合作，×× 市 ×× 区 ×× 产业联合会受斯里兰卡国家商务部的邀请，将于 ××××年5月组织 ×× 市企业进行商务考察及经贸洽谈活动。

本次考察将安排大家听取斯里兰卡国家商务部官员介绍斯里兰卡情况，利用外资政策和招商合作项目，全面了解斯里兰卡投资环境，同时还将实地了解斯里兰卡的变化和经济运行情况。考察活动期间还将参观斯里兰卡文化景点，更加丰富这次商务考察的内容和行程。我们诚邀各行业协会、企业及相关单位积极参与。

由于本次活动人数有限，请大家抓紧报名！！报名截止时间为：××××年3月1日。

第六章

宣传类

第一节　微信文案

基础知识

一、微信的概念

微信（WeChat）是一个为智能终端提供即时通讯服务的免费应用程序。微信支持跨通信运营商、跨操作系统平台通过网络快速发送免费（需消耗少量网络流量）语音短信、视频、图片和文字，同时也可以使用通过共享流媒体内容的资料和基于位置的社交插件"摇一摇""朋友圈""公众平台""语音记事本"等服务插件。

二、微信文案的特点

私人性、及时性、沟通性。

三、微信文案的类型

1. 聊天文案、朋友圈文案。
2. 微信公众号文案。

四、微信文案的写作要求

抓住热点，短小精悍，文明有礼，传递正能量。

范文实操 1

微信朋友圈文案

回望过去

回望过去，曾经的那些都已过去，不管是酸甜，还是苦辣，都在岁月中慢慢消逝，成为历史，成为记忆。曾经，不论其好坏，都是一种回味，一种感受，一种思索，不能让它，影响我们今天的生活，成为前进的障碍。曾经怎样，以前如何，这些都不重要，重要的是，今天、现在。人生，最难的是今天，最美的还是今天。

范文实操2

微信朋友圈金句

1. 一些故事来不及真正开始，就被写成了昨天；一些人还没有好好相爱，就成了匆匆过客。

2. 大多数人最终活成了自己最讨厌的样子，结婚生子，工作赚钱，看似忙忙碌碌，实则内心空虚，生活早就没了惊喜。

3. 时间是个好东西，让我们知道日久见人心，留到最后的才是最好的，也让我们学会冷暖自知，更懂得好自为之。

4. 有些人适合促膝谈心，有些人适合静静陪伴，如果超越界限，就会变了味道。

5. 如果人生可以刷新、复制、粘贴，那么我希望可以注销、关机、再重启。

6. 努力做一个可爱的人。不埋怨谁，不嘲笑谁，也不羡慕谁；阳光下灿烂，风雨中奔跑，做自己的梦，走自己的路。

7. 请把自己活成一道光，潇洒且硬气地穿行在这个世界上。

8. 三千年读史，不外功名利禄；九万里悟道，终归诗酒田园。

9. 浅浅喜，静静爱，深深懂得，淡淡释怀。

10. 年轻的时候，连多愁善感都要渲染得惊天动地；长大后却学会，越痛越不动声色，越苦越保持沉默。

11. 不是每一场相遇都有结局，但每一次相遇都有意义；有些人适合让你成长，有些事适合让你收藏。

12. 没必要着急，若是注定要发生的事，它一定会发生，在合适的时机，和对的人在一起，因为一个恰当的理由。

13. 二十多岁了，请放下你的清高，收起你的自尊，褪去你的愚昧，穿上你的现实，冲出你的花季，去走出你的人生。

14. 你爱别人，别人会爱你；你帮别人，别人会帮你；你施恩于别人，别人会回敬于你；你给世界几分爱，世界会回你几分爱。

15. 不管任何人，你去告诉别人应该怎么样，这就是错误的方式。

16. 除了你自己，没有人会明白你的故事里有过多少快乐或伤悲，因为那终究只是你一个人的感觉。

实操技巧

一、标题

1.营造意境，如"春风十里不如你""红飘带"等。

2.揭示核心，如"扫地僧""百岁秦怡美人不迟暮"等。

3.制造悬念，如"冰山雪莲长啥样""黑天鹅为什么这样美"等。

二、正文

1.开头。引人入胜，如以名言、故事、热点、评论等开头。

2.主体。真情实意，如以蹭热点、网民视角等方式展开内容。

3.结尾。见好就收，如以金句、风趣幽默、启发互动等方式结尾。

实操拓展

1.微信文案的特点是什么？写作要求是什么？

2.根据以下内容，完成微信文案。

××××年7月20日，第四届中国新疆国际民族舞蹈节在位于昌吉的新疆大剧院盛大开幕。舞蹈节期间，公安干警不辞辛苦，尽职尽责，圆满完成了安保任务。请你为公安干警写一段感谢的话，以表心意，发到微信朋友圈。字数不少于200字。

第二节　微博文案

基础知识

一、微博的概念

微博是基于用户关系的社交媒体平台，用户可以通过PC、手机等多种移动终端接入，以文字、图片、视频等多媒体形式，实现信息的即时分享、传播互动。

二、微博文案的特点

个人性、微语性、精短性、互动性、多媒体性、开放性、私人性、共享性、继承性、批判性、商业性、非商业性。

三、微博文案的类型

1. 根据内容来划分，有新闻博客、文化博客、美食博客等。

2. 根据页面框架范围写作来划分，可分为流水账、记事本、过滤器等。

（1）流水账。按照时间或者事物发展变化随手记录。

（2）记事本。每一条记录的篇幅相当于一篇随笔或散文。

（3）过滤器。经过思考过滤，把自己的正确观点贴在链接后面。

四、微博文案的写作要求

1. 保持个性，诚实真挚，频繁更新。

2. 页面最好控制在140字，只写干货。

范文实操 1

微博文案

小寒寄语

小寒至了，春天近了；快乐至了，烦恼溜了；健康至了，病痛逃了；平安至了，意外窜了；财运至了，霉运没了；幸福至了，郁闷藏了；甜蜜至了，疏离别了。小寒快乐！

范文实操 2

微语摘录

袁隆平先生是一个大写的人，是一个高尚的人，是一个善良朴实的人，是一个心怀天下的人。带着对未竟事业的无限眷恋，他回归了奋斗一生的热土，从此在大地丰收的季节，每一粒稻穗都会向他垂首致敬。

范文实操 3

微博金句

1. 人生不过三万天，成功失败均坦然，是非恩怨莫在意，健康快乐最值钱。

2. 一个不说，一个不问，这就是我们渐行渐远的原因。

3. 有人辞官归故里，有人星夜赶科场。

4. 夜里睡不着的人，那是因为醒在别人的梦里。

5. 陪伴，就是不管你需不需要，我一直都在。

6. 细节永远胜过喃喃情话，陪伴永远胜过千言万语。

7. 爱情使人热泪盈眶，也会让人遍体鳞伤。

8. 让你的爱人帮你穿上婚纱，从此携手浪迹天涯。

9. 如果你的酷特别希望别人看到，那你一点都不酷。

10. 有足够的实力、原则和底线才会被尊重。

11. 人一旦得到一样东西，就会忘记当初踮着脚扒着橱窗看它的感觉。

12. 每天醒来都要比前一天更强大，直视自己的畏惧，擦干自己的泪水。

13. 在能力与理想相匹配之前，一切舒适都是绊脚石。能用汗水解决的，就别用眼泪。

14. 白天阳光雨露，快快乐乐；晚上披星戴月，美美滋滋。愿我的问候如凉爽的风陪你入睡，如美丽的梦伴你入眠。

15. 在内心深处，埋下一粒阳光的种子，徜徉岁月的牧场，聆听时光的脚步，那是一个人的呼吸，那是一个人的风景。

16. 喝着孤独的酒，吹着自由的风，等一个没有归期的人，在余生潇洒驰骋，做着只有自己的梦。

17. 人生是一场自己与自己的较劲，唯有认真努力，方能穿越迷茫、不断成长；生命是一种行走，成功是永不停歇。

18. 一个人总是仰望和羡慕着别人的幸福，一回头，却发现自己正被仰望和羡慕着。其实，每个人都是幸福的。只是，你的幸福，常常在别人眼里。

19. 看的是书，读的却是世界；沏的是茶，尝的却是生活；斟的是酒，品的却是艰辛；人生没有彩排，每一场都是现场直播，把握好每次演出便是最好的珍惜。

20. 大多数时光里，我们不是在重复自己的生活，就是在重复别人的生活。真正的幸福，不是活成别人那样，而是按自己的意愿去生活。

实操技巧

一、标题

位置居中，可用概括主旨式、巧用热词式、涉情事件式等。如概括主旨式："浪漫的百里丹霞，美不止一面"。

二、正文

1.开头。可用微导语，如"今日冬至"等。

2.主体。生动有趣，微主体的字数应控制在120~130字。如"人和人之间是不能生分的，生了一分，剩下的七八分都会跟着走"。

3.结尾。出人意料，点到为止，或幽默或金句。如"冬天来了，春天还会远吗？"若开头与主体已表述完整全面，也可不写结语。

实操拓展

1.什么是微博？微博文案的写作要求是什么？

2.请根据以下材料，选择一个话题，结合自身生活体验，写一则微博文案。

近年来社会上流行一个词——"范儿"，并派生出"中国范儿""文艺范儿""潮范儿""有范儿"等一系列词语。"范儿"多指好的"风格""做派"，近似于"有气质""有情调""有品位"的意思。一个民族有一个民族的"范儿"，一个时代有一个时代的"范儿"，一个集体有一个集体的"范儿"，不同职业有不同职业的"范儿"，一个人也可能有一个人的"范儿"……

第三节　消息

基础知识

一、概念

1.消息是以概括叙述的方式，以简明扼要的文字，迅速及时地报道最新事实的短篇新闻。

2.消息通常被称作新闻，是指狭义的新闻。广义的新闻，泛指一切有关人、事的音信。狭义的新闻则是单指"消息"而言。

二、种类

1.根据消息的内容，可分为动态消息、综合消息、经验消息、述评消息、人物消息。

2.根据消息的结构可分为标题新闻、无标题新闻和短讯。

三、特点

新、真、快、短。

四、写作六要素

时间、地点、人物、事件、原因、结果。

五、常用写作结构

"倒金字塔"结构：把最重要的材料放在开头，比较重要的随后安排，次重要的再向后排，最不重要的放在最后。

六、写作要求

真实性、具体性、新鲜性、及时性、重要性、短小性。

范文实操 1

××县煤制天然气项目获夏×集团投资110亿元

夏×集团××县万山煤炭综合开发基地年产40亿立方米煤制天然气项目可行性研究报告近日通过省级评审，上报国家发改委立项。据了解，该项目计划××××年建成投产，一期工程总投资110亿元，年收入×亿元，年利税×亿元，可带动当地上千人就业。

据介绍，该项目是夏×集团发展战略系列项目中投资额最大的项目之一。此前，夏×集团与××省人民政府签订了《能源经济领域战略合作协议》。根据协议，未来十年，夏×集团将立足能源基地，投资1000亿元以上，在××地区建设煤电煤化工能源基地，大力发展热电联产项目，稳步开发流域梯级水电，积极发展其他清洁能源。到××××年，煤制天然气产能将达到40亿立方米/年，力争××××年产能达到60亿立方米/年。

夏×集团××县万山基地煤制天然气项目，将把露天煤矿的煤炭转化成天然气输送出××地区。

范文实操 2

××供电公司开展"安康杯"劳动竞赛活动

××××年10月以来，××省××供电公司生产任务繁重，220kV变电站安装及配套线路架设将拉开帷幕。为增强全体员工安全生产的主动性和自觉性，公司工会以"安康杯"劳动竞赛为主线，深入开展"珍爱生命、保障安全"劳动竞赛活动。竞赛以提高员工技术素质为基础，积极开展技术练兵、事故预演、技能比武和岗位培训；公司还将竞赛与"创先争优"活动紧密结合，营造出了轰轰烈烈的竞赛氛围，使安全劳动竞赛活动深入人心。

实操技巧

消息的写作结构是标题、正文。正文常用的是"倒金字塔"结构。

一、标题

1. 单行式。只有一个标题，内容高度概括。如"长江巫峡溶洞新发现古人类遗址"等。

2. 多行式。由引题、正标题、副标题组成。第一行，即在主标题之上的称引题，主标题之下的称副题，起补充说明正标题的作用。如引题：贪污挪用 接受贿赂，正标题："副"局长变成了"富"局长。

二、正文

1. 导语。导语是消息的开头，是消息最重要的组成部分，按照"倒金字塔"形式，用最精粹的文字，简明扼要地把消息中最重要、最新鲜、最吸引人的事实及其意义表达出来。

2. 主体。主体是导语的展开或续写部分，承接导语对新闻事实作进一步报道，以满足读者对事实进一步了解的需要。

3. 结尾。结尾承接主体。有时也可没有结尾，事实叙述完毕，便可戛然而止。

实操拓展

1. 什么是消息？请简述消息正文"倒金字塔"写作结构。

2. 请根据以下材料，为中国小将苏翊鸣写一则消息。

2022年北京冬奥会是中华民族的骄傲，全中国人都在为奥运健儿呐喊助威。在单板滑雪男子坡面障碍技巧决赛上，中国小将苏翊鸣在"雪长城"赛道一鸣惊人，却未能摘金。但是他一往无前的拼劲感动了无数人。网友纷纷留言说："在我们心里你就是最棒的""苏翊鸣你最帅"；还有网友说："英雄自古出少年""中国少年所向披靡"。

第四节　简报

基础知识

一、概念

简报是机关、团体及企事业单位编发的反映情况、汇报工作、交流经验、沟通信息的一种内部文件。

二、特点

快、新、实、短。

三、种类

按简报的性质分为工作简报、动态简报、会议简报。

四、写作要求

1. 抓住要点，有的放矢，材料准确，内容真实。
2. 简明扼要，一目了然，讲究实效，反应迅速。

范文实操

科技型中小企业发展工作简报

第 38 期（总第 76 期）

×× 市科技型中小企业发展工作领导小组办公室　　　　20××－12－20

×× 区科委成立科技企业发展服务中心
为企业提供全方位服务

为推进科技型中小企业稳步发展，更好地为广大创业者及企业提供服务，切实解决科技企业在研发生产过程中遇到的实际问题，×× 区科委从本区实际出发，将涉及科技企业的相关职能和业务统一分离出来，从科委各个科室抽调骨干力量，专门成立了 ×× 区科技企业发展服务中心。

科技企业发展服务中心以"为科技企业服务"为宗旨，目的是搭建企业与市、区科委的互动服务平台，及时沟通信息，提供全方位、"保姆式"服务。主要职责包括：一是为科技企业入驻本区提供有关政策、法律法规等咨询服务；二是为入驻本区企业提供一站式审批服务和科技金融服务；三是负责本区技术交易合同的认证登记和统计；四是负责本区培育、筛选重点科技成果，组织市、区两级科技计划项目申报、重点项目实施及科技统计等工作；五是定期组织企业经营管理和研发技术人员参加各类职业培训。

目前，中心各项工作开展顺利，中心工作人员利用两个月时间，深入科技型中小企业开展调研工作，基本摸清了本区科技企业底数；引进了××××科技等一批高水平科技型中小企业，增强了本区科技产业实力；搭建了××区高科技企业运营分析综合平台，并分别组织了科技企业政策辅导会、推介会、人才规划座谈会、科技型中小企业技术创新基金项目申报培训会等一系列服务活动，在区内科技型中小企业中反响强烈。

工作简讯

××区与××银行密切合作共同搭建金融服务平台

为推动科技型中小企业加快发展，××区政府与××银行××分行密切合作，共同搭建金融服务平台。针对科技型中小企业发展中的融资需求，拟订科学的融资方案，简化办事流程，建立科技型中小企业授信绿色通道，开拓出一套支持科技型中小企业成长为"小巨人"的特色金融服务模式，为区内科技型中小企业提供优质、便捷的金融服务方案。目前已与36家科技型中小企业达成贷款意向。

同时，××银行还选派一名金融经验丰富的业务骨干，来××区科技型中小企业发展工作领导小组办公室挂职，任办公室副主任。其主要职责是当好金融参谋、提供先进金融理念、推广××银行长三角、珠三角成功经验，共同探索政府和银行合作的新模式。

送：市委、市人大、市政府、市政协、市工信局

发：各直属企业

本期共印 100 份

实 操 技 巧

简报由报头、报核、报尾三部分构成。

一、报头

报头包括简报名称、期号、密级、编者和时间。

二、报核

1.按语。简报的按语在"间隔线"的下方，在"目录"的上方。

（1）评介性按语。表明编者对简报的倾向性态度。

（2）说明性按语。介绍文章材料的来源、转发目的、转发范围。

（3）提示性按语。一般用来提示简报文章的内容，尤其是篇幅较长的文章，帮助读者加深理解文章精神。

注：按语不是简报必备的结构要素，有些简报可以不写按语。按语的作者，一般由编发机关指定专业人员撰写。

2.目录。标注在"按语"下方，简报文章上方，居中标"目录"字样。若简报只有1~2篇文章，则不必标注"目录"。

3.标题。简明概括正文内容，与新闻标题类似。

4.正文。与新闻写法相似。先在开头（导语）部分对主要内容进行概括（包括时间、地点、人物、事件等），然后再具体叙述主要内容。

三、报尾

在简报末页下端，画两条平行横线，写明报、送、发的对象、范围，下横线右侧标明印刷份数。

实 操 拓 展

1.什么是简报？请简述简报的写作结构。

2.请根据以下材料，为学校运动会简报写一则简讯。

××××年6月10日16：00，学生男子组400米决赛在××大学北校田径场准时开始。一声短鸣掠过，运动员们如箭一般离弦而出，尽管现场阴雨绵绵，运动员们依旧保持高昂的斗志，怀着坚定的信念和对胜利的渴望，加快步伐奔向终点。看台上，运动员们激烈的角逐牵动着每一位观众的心，加油声、掌声与欢呼声此起彼伏，回荡在田径场上空。

最终，来自信息科学技术学院的李××首先冲线，以56秒60的成绩夺得学生男子组400米决赛冠军，来自生物科学技术学院的赵××及来自环

境工程学院的许 ×× 分别以 57 秒 40 和 57 秒 50 的成绩夺得比赛第二名和第三名。

第五节 主持词

基础知识

一、概念

主持词是会议主持人或活动主持人，在活动进行过程中所用的串联词。

二、特点

1. 要有现场感。能够调动现场气氛，引起参与人员注意。

2. 要有控制感。能够控制会议（活动）的进程，按照既定的时间完成既定议程。

3. 要有总结性。要对会议（活动）的主要内容、安排等进行简单的总结和评价。

三、类型

按内容和性质可分为会议主持词、庆典活动主持词、比赛活动主持词等。

四、写作要求

1. 会议主持词讲究语言简洁、平实、直截了当。

2. 活动主持词讲究辞藻华丽，风趣幽默，能激发观众共鸣，吸引观众注意。

范文实操 1

××××公司迎新年联欢会主持词

男：北风挡不住春天的脚步，×××× 年已向我们挥手告别；

女：冰雪封不住青春的热情，×××× 年正随春潮滚滚而来。

男：尊敬的各位领导，

女：亲爱的同人们，

合：大家早上好！

男：我是主持人马 ××，

女：我是主持人刘 ××，

男：很荣幸在这里与大家欢聚一堂，

女：在这辞旧迎新的时刻，我们先给大家拜年了！

合：大家新年好（作揖）！

男：站在岁末我们回望过去，过去有太多的故事让人感动；

女：站在岁首我们企盼未来，未来有太多的期望让人憧憬。

男：今天，让美妙的音乐荡涤我们的心灵；

女：今天，让优美的舞蹈引领我们踏上新的征程。

合：今天，就让我们尽情地放飞梦想、扬帆起航。

合：××××公司迎新年联欢会正式开始！

合：请欣赏舞蹈《扬帆起航》……

范文实操 2

××××公司迎新年联欢会主持词

男：时光荏苒，青春在这里绚丽绽放；

女：岁月更迭，理想在这里熠熠闪光。

合：××××公司永远是我们梦想升起的地方。

男：沐浴着温暖的阳光，今天我们欢聚一堂；

女：激扬着青春的风采，今天我们共同迎接新年的曙光。

男：让我们记住今天，

女：让我们期待明天，

合：让我们一起拥抱美好的春天！

合：××××公司迎新年联欢会到此结束，祝大家新年快乐！

实操技巧

一、标题

1.由会议或活动名称加文种组成，如"×× 会议主持词"。

2.由主持人姓名加会议或活动名称组成，如"××× 在 ×× 会议上的主持词"。

二、称呼

称呼即对与会或参与活动人员的称谓，如"各位领导、同志们""女士们、先生们"等。

三、正文

1.开头。开场白，宣布会议或活动开始。

2.主体。主持词主要内容所在，结合活动内容展开。

（1）交代会议或活动举办的由来、背景、任务、意义、议程、参加人员等。

（2）按照会议或活动的规定程序，逐项有序进行，文艺活动则由主持人用串词串联。

3.结尾。结束语，简要回顾会议或活动情况，并进行整体评价，最后宣布散会或活动结束。

四、落款

署主持会议或活动主持人姓名并标明时间。如果标题下已署名，则不再重复。

实操拓展

1.什么是主持词？请简述主持词的写作要求。

2.请根据以下材料，写一则庆祝五四青年节文艺晚会主持词（开场白）。

五四运动，是1919年5月4日发生在北京的一场以青年学生为主，广大群众、市民、工商人士等阶层共同参与的，通过示威游行、请愿、罢工等多种形式进行的爱国运动，是中国人民彻底反对帝国主义、封建主义的爱国运动。

在这欢乐与浅笑构成的舞台，在这笑声与歌声汇成的海洋，在这永恒与温馨铸就的圣地，今天大家在这里欢聚一堂，踏着青春的节拍，一路欢歌，一路笑语，我们的队伍向太阳……

第六节　导游词

基础知识

一、概念

导游词是导游人员引导游客观光游览时的讲解词，是导游员与游客交流思想、向游客传播文化知识的工具。

二、特点

口语化、知识性、文学性、礼仪性、实用性、综合性。

三、作用

引导游客观光游览，宣传旅游景点。

四、写作要求

1. 讲解的内容必须准确无误，令人信服。

2. 专业知识丰富，旁征博引，引人入胜。

3. 重点突出，风趣幽默，注重思想品位。

范文实操

华山导游词

各位女士们、先生们：

大家好！

我是××旅游团的导游，大家可以叫我小李。今天，我们将去游览雄奇的华山。

华山，《水经注》说"远而望之若花状"，故名"花山"，因古代"花""华"通用，加上当地人的口音，故称为"华山"。华山与华夏紧密相连，是中华民族的象征。据清朝学者章太炎考证，"华夏""中华"都是因华山得名。早在《尚书》中就有华山的记载，《史记》中也记载黄帝、尧、舜曾到华山巡游。秦始皇、汉武帝、唐太宗、武则天、唐玄宗等数十位帝王也都到华山进行过大规模的祭祀活动。

华山海拔2154.9米，位于西安以东120千米的历史文化故地华阴市境内。北临坦荡的渭河平原和咆哮的黄河，南依秦岭，是国家级风景名胜区。

此刻，我们已来到华山的精华——西峰。西峰，又称莲花峰，得名于峰顶翠云庙前右侧的那块大石，其状如莲花。唐代大诗人李白曾在此写下"西岳峥嵘何壮哉，黄河如丝天际来"。西峰由此而来。

现在我们看到的巨石叫"斧劈石"。石身有一条0.66米宽的裂缝，关于这条裂缝还有一个感人的传说。玉皇大帝的小女儿三圣母与被玉帝打下凡世的金单玺相爱之后，结为夫妻。二郎神杨戬大骂其妹三圣母私配凡夫，违反天条，于是将三圣母压在华山西峰顶的巨石下方。之后三圣母生下一个儿子，取名沉香，沉香长大成人得知真相后，来到华山，战胜杨戬，劈开压在母亲身上的巨石，救出母亲，全家得以团聚。这就是"劈山救母"神话发生的地方。

亿万年来鬼斧神工，造就了华山惊险壮丽的自然景观，千百年来文人墨客的咏颂，使华山积累了丰富的文化内涵。华山博大、坚强、深沉、典雅，而且风趣、幽默、温柔、浪漫，这不正是我们中华民族的写照吗？..。

今天，我与大家度过了愉快的一天，欢迎大家再次光临美丽西安！

实操技巧

一、标题

1. 只写明文种导游词。

2. 旅游景点 + 文种导游词。

二、正文

1. 前言。导游人员在陪同旅游者参观、游览之前表示问候、欢迎，并进行自我介绍。

2. 总述。主要向旅游者陈述景观的概况和旅游价值，对所要游览的内容作总体介绍。

3. 分述。对旅游者游览的景观分别进行陈述。按照游览的先后顺序，逐一加以解说。

4. 结尾。在游览结束后，对游览的内容进行小结。最后，对旅游者的合作表示感谢，并表达祝福。

实操拓展

1. 导游词的特点是什么？请简述导游词的写作要求。

2. 请查证资料后，完成导游词后边的"断桥残雪"。

导游词

各位游客：

大家好！

我是你们的导游小刘。今天，我们参观的是美丽的西湖，希望大家一起度过美好时光！

相传，很久以前，玉龙和金凤得到了一颗明珠，那颗明珠照到哪里，哪里的树木就常青，鲜花就盛开。王母娘娘得知后，派大将去抢明珠，在抢明珠时，明珠掉在了人间，就是现在的西湖。

游客们，现在我们来到了著名的景点——断桥残雪……

第七节　演讲稿

基础知识

一、概念

演讲稿是演讲者事前准备的、以在大会上或其他公开场合发表个人观点、见解、主张的文稿。

二、特点

针对性、鼓动性、有声性。

三、类型

1. 从演讲场合划分，可分为会场演讲稿、广播演讲稿、电视演讲稿、课堂演讲稿、街头演讲稿、法庭辩论稿等。

2. 从演讲内容和性质划分，可分为政治演讲稿、学术演讲稿、教学演讲稿、诉讼演讲稿、社会活动演讲稿、巡回报告等。

3. 从表达方式上划分，可分为命题演讲稿、即兴演讲稿、论辩演讲稿三种。

4. 从演讲目的上划分，可分为娱乐性演讲、传授性演讲、说服性演讲、鼓动性演讲、凭吊性演讲。

5. 从演讲风格上划分，可分为激昂型演讲、深沉型演讲、活泼型演讲、严谨型演讲等。

四、作用

宣传作用、教育作用、号召作用、提示作用、规范行为的作用。

五、写作要求

选题需恰当，选材需精当，观点需正确，语言需感染力强。

范文实操

弘扬伟大的五四精神

贾××

尊敬的老师，亲爱的同学们：

大家早上好！

今天我演讲的题目是《弘扬伟大的五四精神》。

1919年5月4日，为驱逐黑暗、争取光明，一群意气风发的青年用热血和生命谱写了一曲最壮丽的青春之歌，绘就了一幅最宏伟的青春图画。如今，五四运动已作为光辉的一页载入了中华民族的史册。然而，五四运动绝不仅仅是一个历史事件，它更是一种精神，一种伟大的五四运动精神。在这种精神中，有着青年人关注国家命运的责任和使命，有着青年人振兴民族大业的赤胆与忠心。

今天，我们的祖国已经进入了一个新的历史时期，振兴中华的责任，已经落在我们青年人的肩上，五四的火炬已经传递到我们青年人手中，五四的精神需要我们青年人弘扬光大。可是要弘扬伟大的五四精神，就必须思考一个问题。我们应该拥有怎样的青春，才能担负起先辈们赋予我们的历史使命？是在浑浑噩噩中度过，还是在奋发有为中进取？在校园，我们经常会看到这样的场景，有些同学晚上熬夜追剧，不按时上课，经常迟到，甚至旷课；还有些同学沉迷于网络，下课打游戏，上课就睡觉……作为祖国的未来，民族的希望，若长此以往，我们能继承先辈遗志吗？能弘扬伟大的五四精神吗？今天，我们纪念五四运动，目的在于弘扬伟大的五四精神，肩负起民族振兴的伟大历史使命。因此，我们必须树立远大理想，勤奋学习，勇于实践，在实践中锻造品格，磨炼意志。

青岛工人许振超"知识改变命运 岗位成就事业"的演讲非常感人。他说："在别人眼里学习是一件苦事。但对我来说，学习带给我无穷的快乐。每当我攻克一道难题，我就有一种成就感和满足感。"许振超从一个学徒成长为一名"桥吊专家"，以初中文化程度熟练地驾驭综合了6门学科知识的大型集装箱装卸设备，这与他永不停息的求知精神密切相关。

无论上班还是下班，许振超利用一切碎片化时间学习专业知识。他系统自学了高压变配电、电力拖动、计算机、数字控制技术等多个专业领域的专业知识，以解决工作中遇到的难题。学习中经常要查阅一些英文专业书籍，许振超不懂英语，他就拜女儿为师。30年如一日的自我挑战和坚持学习，成就了今天的大国工匠、桥吊专家许振超。他说："一个人可以没有文凭，但不可以没有文化；可以不进大学殿堂，但不可以不学习；只有知识才能改变命运，只有勤奋学习才能成就未来。"

梁启超先生在《少年中国说》中寄语中国少年："少年智则国智，少年富则国富，少年强则国强……少年进步则国进步，少年胜于欧洲则国胜于欧洲，少年雄于地球则国雄于地球。"英雄自古出少年，正值青春年少的我们，承载着先辈重托，肩负着历史使命；从今天起，从此刻起，让我们把"小我"融入"大我"，以信心筑船，倾热血为江，脚踏实地，潜心读书，不惧风雨，不畏险阻，高举起五四火炬，用智慧和勇气扬起理想风帆，用拼搏和汗水演绎青春年华，让伟大的五四精神生生不息！

××××年××月××日

一、标题

1.提要式。简要概括演讲的核心内容，如"劳动神圣"。

2.寓意式。运用修辞手法把抽象的哲理具体化，如"扬起生命的风帆"。

3.警句式。引用名言警句设置标题，如"忧劳可以兴国 逸豫可以亡身"。

4.设问式。通过设问来提示演讲涉及的内容，用演讲来回答标题的提问，如"人生的价值何在"。

5.抒情式。具有强烈的感情色彩，达到以情动人的效果，如"真情 让我一生守候"。

二、称呼

提行顶格加冒号，根据受听对象和演讲内容需要决定称呼。常用"同志们""朋友们"等，也可以加定语渲染气氛，如"年轻的朋友们"等。

三、正文

1.开头。

（1）开门见山，揭示主题。

（2）介绍情况，说明缘由。

（3）提出问题，引起关注。

2.主体。层层递进，环环相扣，可使用"首先""其次""最后"等词语。

演讲结构要表现出张弛起伏，同时要将演讲内容的各个层次联结起来，使之浑然一体。

3.结尾。通常没有固定格式，但结尾是演讲能否走向成功的关键，故可升华主题，加深印象，简洁有力，余音绕梁。

四、落款

1.在文章右下方署名并标明时间。

2.在标题下署名，落款时只标明时间。

3.用于媒体发表的必须署名，右下方可标明时间也可省略。

实操拓展

1.演讲稿的特点是什么？请简述演讲稿的写作要求。

2.修改病文。以下材料是一则毕业生演讲稿的结尾部分，请指出存在的问题，并修改。

亲爱的老师，今天我们毕业了……

亲爱的老师，是您的辛劳付出，是您的无私奉献换来了我们的收获与成长……衷心地感谢您！

亲爱的父母，一路上风雨兼程，你们撑起一片灿烂无比的晴空，用细致无私的爱，给了我们温暖的港湾和不断前行的力量……让我们把诚挚的谢意献给你们，用一生去回报你们无尽的恩情。

现在，我们即将离开，让我们认真保存好每张合影，因为合影上的灿烂笑容已经定格在记忆中；让我们用力拥抱每一个我们喜欢、我们欣赏或曾经帮助过我们的人，因为很多人，此生将很难再重逢；让我们对曾经起过争执冲突的人说声"对不起"，不再追究谁对谁错，因为我们不想把友情的缺憾带入今后的生活；让我们再对每位老师，对校内各岗位上的工作人员说声"谢谢"，因为他们的存在，我们才可以舒心地学习和生活；也让我们在送别的时候，别泪水涟涟，因为我们应更多地记住彼此灿烂的笑脸！

在这里，我们共同祝愿母校的明天更加美好、更加灿烂，我们也衷心祝愿每一位老师身体健康、工作顺利，祝愿学弟学妹们继续开创美好的未来！

在即将踏上新的人生旅途的时候，我们所有人都将记住：没有大海的壮美，可以有小溪的娟秀；没有高山的巍峨，可以有山路的曲折；没有激昂的乐章，可以有抒情的小调。长风破浪会有时，直挂云帆济沧海。在以后漫长的人生旅程中，找到自己的方向，做个最好的自我！这样的人生也美丽！

第八节　简介

基础知识

一、概念

简介，即简明扼要的介绍，是当事人全面而简洁地介绍情况的一种书面表达方式。

二、特点

1. 真实性、适用性、广泛性。
2. 全面性、兼容性、简短性。

三、类型

单位简介、个人简介。

四、写作要求

内容全面，重点突出，扬长避短，用好数字，把握语体，措辞恰当，灵活多样。

范文实操

××省××锌业股份有限公司简介

　　××省××锌业股份有限公司地处×××市机场路，距×××市中心15千米，距国道11千米，距××机场5.6千米。公司属国有控股企业，主营业务为有色金属加工及高附加值稀贵金属综合回收，是区域有色金属龙头企业，也是中国100家最大有色金属冶炼企业之一。

　　公司立足×××地区丰富的矿产资源，依托高效务实的技术团队和先进的经营管理理念，努力构建产业集团，形成规模经济，拓展发展空间，并通过有效整合地区资源优势，延伸产业链，不断提高综合利用水平，增加产品的高附加值，增强企业综合竞争实力。

　　公司荣获××省资源综合认定委员会"资源综合认定证书"；荣获××省工业企业最大规模500强；荣获"省级科技创新型企业"；主打产品"××"牌锌锭被评为"××省名牌产品"。

公司采用国际先进的湿法炼锌工艺，生产高纯度电解锌及相关副产品，年产能力为电解锌 7 万吨，氧化锌 3 万吨，工业硫酸 14 万吨，普通过磷酸钙 3 万吨，铅 3000 吨，镉 2700 千克。

公司目前有员工 1500 人，其中具有大中专以上学历人员 316 人，各类专业技术人员 386 人，中、高级技工 269 人。公司倡导"共创家园，成就事业"的企业文化精神，不断增强广大员工凝聚力；推崇学习创新，努力创建学习型企业；坚持"以人为本"的管理理念，以绩效考核为导向，努力为广大员工创造充分展示才华的平台和不断提升的空间；坚持"诚信求实"的经营理念，与社会各界合作伙伴共谋发展，共创价值，实现"双赢"。生产经营管理以财务核算为核心，以成本控制为目标，推行精细管理，拓展利润空间，努力降低生产经营成本，以技术进步为动力，大力倡导科技创新。

近年来，公司各项技术经济指标连年提升，主要技术经济指标处于国内行业先进水平。公司重视产品质量，以质量求生存，质量体系的建立和逐步完善，为企业的进一步发展及参与市场竞争奠定了良好的基础。公司生产的电解锌锭被国家科委列入高科技出口产品目录，产品畅销省内外，产销率连年保持 100%，出口量逐年上升，近三年出口量均占产量的 60% 以上。公司已通过"环境保护双达标"验收，是 ×× 省首家通过"污染物排放全面达标"验收企业，是 ×× 省环保"十佳"先进企业。

实操技巧

单位简介的写作技巧：

一、标题

居中写单位简介。

二、正文

1. 开头。总体概述，单位成立时间、经营地点、经营范围、品牌产品、辉煌历史、荣誉奖项等内容。如"×× 公司成立于 1992 年，位于 ×× 市 ×× 区 ×× 号，具有中国房地产开发企业一级资质，×××× 年荣获 ×× 市优秀企业……"

2. 主体。

（1）主要业务，是简介的核心部分。集中介绍主要产品、知名品牌、服务种类、合作伙伴、产品应用、科研项目等。如"公司采用国际先进的湿法炼锌工艺，生产高纯度电解锌及相关副产品，年产能力为电解锌 6 万吨，氧化锌 2 万吨，工业硫酸 13 万吨……"

（2）单位优势，是简介的亮点，也是单位实力的体现。重点突出单位在同行业中的地位和影响，以及自身的独特优势。如"近年来各项技术经济指标连年提升，主要技术经济指标处于国内行业先进水平。公司通过了 ISO 9001：2000 质量体系认证……"

（3）文化理念，包括企业精神、文化传承、公司愿景、公司使命等。如"坚持'传递信任，成就梦想'的企业使命，以'准时、安全、绿色'的服务理念，专注为客户提供高性价比、更好体验的服务……"

3. 结尾。未来展望，今后的发展定位、战略规划等。简明扼要，再次概括主题。若在主体写作中已涉及结尾内容，结尾可略。如"面向未来，公司将一如既往，不负使命，大力发展'网＋机器人'等生态产业链……"

实操拓展

1. 简介的特点是什么？请简述简介的写作要求。

2. 修改病文。请指出以下企业简介中产品介绍存在哪些问题，并改正。

牛奶中含有丰富的蛋白质、维生素及矿物质，能够提供能量，提高免疫功能。其中的钙质还可以促进儿童生长发育，预防老年人骨质疏松。牛奶中含有一定的色氨酸，睡前适量饮用能够帮助入眠，提高睡眠质量。我公司主打产品有"嘉仕"牌豆奶粉和液态奶。豆奶粉是以优质黄豆、牛奶为主要原料，辅以蔗糖、植物油，采用先进的生产工艺精制而成。其口感纯正，具有黄豆及牛奶的香味，营养丰富，是老少皆宜的理想饮品。其系列产品有营养维他豆奶粉、维他加钙豆奶粉、AD 钙豆奶粉、高钙低糖豆奶粉、中老年豆奶粉、营养早餐豆奶粉及"礼盒"豆奶粉等 20 多个品种。液态奶是以鲜牛奶为原料，添加蔗糖、稳定剂、特色香精及香料，经科学加工、无菌包装而成，产品口感细腻……

第九节 广告

基础知识

一、概念

从汉语字面意义来看，广告的意思是"广而告之"。所谓广告，是指广告主为了推销其商品、劳务或观念，在付费的基础上，通过传播媒体向特定的人群进行的信息传播活动。

二、特点

真实性、独创性、针对性、法规性、艺术性、时效性、灵活性。

三、功能

1.交流信息，扩大经营，正确引导消费。

2.预测市场，改进管理，具有社会功能、美学功能。

四、类型

1.按用途分，有机构、品牌、赎卖广告等。

2.按内容分，有商业、劳务、企业、公益、文体广告等。

3.按传播形式分，有报刊、广播、电视、网络、灯光、车船、路牌、橱窗、牌匾广告等。

五、写作要求

真实可信，主题突出，通俗易懂，新颖独特，简短有力。

范文实操 1

××饮料平面广告文案设计

广告语：超人能量　来自××

标题：提神神器

正文：都21世纪了，还需要用咖啡来提神吗？告诉你，有更好的方式让你精神焕发。全新上市的强化型××功能饮料富含氨基酸、维生素等多种营养成分，更添加了10倍牛磺酸，能有效激活脑细胞，缓解疲劳，提神醒脑，令你随时随地拥有敏锐的判断力，提高工作效率。

醒题：抵御疲劳　激活大脑

随文：www.××××××bs.com

范文实操 2

优秀广告语集锦

1.天长地久。（斯沃奇手表）

2.理解就是沟通。（爱立信）

3. 成功之路, 从头开始。(飘柔)

4. 钻石恒久远, 一颗永流传。(戴比尔斯)

5. 给电脑一颗奔腾的 "芯"。(英特尔 奔腾)

6. 科技以人为本。(诺基亚)

7. 让我们做得更好。(飞利浦)

8. 追求完美永无止境。(凌志汽车)

9. 为您的生活添色彩。(美国安利中国广告语)

10. 我们的光彩来自你的风采。(沙宣洗发水)

11. 放我的真心在你的手心。(美加净护手霜)

12. 让无力者有力, 让悲观者前行。(《南方周末》新年献词)

13. 众里寻他千百度, 想要几度就几度。(伊莱克斯冰箱)

14. 弹指一挥间, 世界皆互联。(互联网)

15. 大石化小, 小石化了。(治结石病)

实操技巧

广告整体结构是广告语、标题、正文、醒题、随文, 或标题、正文、广告语、醒题、随文。

一、广告语

广告语也称广告口号、广告标语、广告词。它是从企业的长远利益出发, 在一定时期内长期反复使用的、特定的、简短的、口号性的宣传语句, 极富有鼓动性和感染力。广告语非常重要, 在文案中的位置, 可以根据需要灵活调整, 可排在第一, 也可排在正文之后。如 "活力永远是可口可乐 (可口可乐)" "沟通无限 (中国联通)" 等。

二、标题

1. 直接性标题。一语道破天机, 如 "好空调, 格力造 (格力空调)"。

2. 间接性标题。含蓄迂回, 耐人寻味, 如 "万事俱备 只欠东风 (东风牌汽车)"。

3. 复合性标题, 是直接性标题与间接性标题的结合体, 是含有引题与正题的广告。如: 天上彩虹 (引题)、人间长虹 (正题)——长虹电视机广告标题。

三、正文

简明扼要表明主题, 陈述产品或服务的特征与优势, 以关键性的、有说服力的事实加以说明，引导消费者迅速付诸购买行动。如"男生成长为男人是必然的，而男人长出胡子也是必然的，而男人使用飞利浦更是必然的。因为，飞利浦会带给你更大魅力……"

四、醒题

再次说明产品的效果，与广告语相呼应，如"抵御疲劳 激活大脑"

五、随文

随文也称附文，是对广告内容的进一步补充说明，主要传递产品与企业的附加信息，如企业名称、品牌、地址、电话、电传、邮编、网址、开户银行、联系人、服务承诺等。

实操拓展

1.广告的特点是什么？请简述广告的类型。

2.请大声朗读以下广告语（口号），请谈谈这些广告语的共同特点是什么。

（1）自然最健康，绿色好心情。（康师傅）

（2）牛奶香浓，丝般感受。（德芙巧克力）

（3）温暖亲情，金龙鱼的大家庭。（金龙鱼）

（4）滴滴香浓，意犹未尽。（雀巢咖啡）

（5）只要有梦想，凡事可成真。（香港电信）

（6）一品黄山，天高云淡。（黄山香烟）

第七章

经济类

第一节　派工单

基 础 知 识

一、概念

派工单又称工票、作业调度单，是指生产管理人员向生产工作人员派发生产指令的单据。

二、类型

1.按照写作方式分，有表格式、条文式、文表结合式等。

2.按照派工方式分，有派工单、单工序工票、工作班传票卡等。

三、意义

1.管理出效益，浓缩出精品，能够进一步健全企业管理制度。

2.有助于监控劳动力使用，能够进一步完善生产工作记录。

3.以最小的投入，实现最大的产出，调动员工生产积极性。

四、作用

1.指令作用，是开始作业、发料、搬运、检验等项工作的生产指令。

2.凭证作用，是完成工作任务、检查生产进度、核算生产成本的凭证。

五、写作要求

事前行文，指令正确，格式规范，简明扼要。

范文实操 1

××××电力有限责任公司派工单

项目名称	线路维护	派工时间	20××年10月12日10：00
项目接受人	刘××、张××	收工时间	20××年10月12日18：00
项目内容	1.××市大青山林区—西沟矿区线路检查维护； 2.更换大青山林区3千米老化导线（详见维护计划）； 3.给西沟矿区安装智能电表5块（详见维护计划）		

用户验收意见	
用户确认签字	

外出工作须知：
1. 产品、设备、工具核对清楚；
2. 系好安全带，用完升降梯后及时断开电源；
3. 做好线路施工、维修及变更登记，隐蔽工程必须拍照并保存证据；
4. 严格按照岗位职责及施工规范进行施工，做到线路畅通、环境整洁、线标清楚；
5. 外出施工期间严禁违规操作，严禁下河游泳、游山逛水、酗酒滋事、酒后驾车；
6. 遭遇突发情况，必须第一时间向主管领导汇报。随时与用户沟通，努力使用户满意

范文实操 2

××××汽车修理有限责任公司派工单

客户档案号：   工单编号：

委托书号		托修单位（人）				
型 号		进厂日期		结算方式	销售结算（　　）	
车 型		发动机号			用户结算（　　）	
出厂日期		车架号			其他结算（　　）	
序 号		报修项目			备 注	
1						
2						
3						
维修人		预计费用合计				
部门领导签字		主管领导签字				

费用明细

修理内容	配用材料	数 量	单 价	合 计	备 注
总计（大写）					

车辆维修评价栏：
维修质量： 很好□　好□　一般□　差□　很差□
响应速度： 很好□　好□　一般□　差□　很差□
服务态度： 很好□　好□　一般□　差□　很差□
维修及时性：很快□　快□　一般□　慢□　很慢□

实操技巧

一、标题

首行居中写"派工单"或"××××公司派工单"。

二、正文

1.设计表格。表格应根据实际需要，科学合理。

2.填写具体内容。工作任务是重点，应清楚明了，不含歧义。

三、附项

工作须知或评价等。

实操拓展

1.什么是派工单？请简述派工单的作用。

2.请结合专业工作的特点，填写下列派工单。

××××热力有限责任公司派工单

项目名称		派工时间	
项目接受人		收工时间	
项目内容			
用户验收意见			
用户确认签字			

外出工作须知：
1.出发前计划周全，产品、设备、工具核对清楚；
2.系好安全带，用完升降梯后及时断开电源，防止线路短路等问题；
3.做好线路施工、维修及变更登记，隐蔽工程必须拍照并保存证据；
4.严格按照岗位职责及施工规范进行施工，做到线路畅通、环境整洁、线标清楚；
5.外出施工期间严禁违规操作，严禁下河游泳、游山逛水、酗酒滋事、酒后驾车；
6.遭遇突发情况，必须第一时间向主管领导汇报。随时与用户沟通，尽量使用户满意

第二节 工作日志

基础知识

一、概念

工作日志就是针对自己的工作，每天记录工作的内容及在工作中遇到的问题、解决问题的思路和方法。

二、类型

按照写作方式分，有表格式、条文式、文表结合式等。

按照使用对象分，有生产工作日志、销售工作日志、管理工作日志、采购工作日志等。

三、意义

整理碎片化工作，提高工作效率。

四、作用

1. 证明作用。证实员工的工作态度、工作质量、工作效率。

2. 提醒作用。及时填写、标注并查看工作日志，会使员工时刻保持清醒的头脑。

3. 跟踪作用。有助于管理者了解相关员工的工作状态，把工作风险降到最低。

五、写作要求

实事求是，条理清楚，重点突出，简明扼要，格式规范。

范文实操 1

××建筑有限责任公司施工员工作日志

工程项目编号：　　　　　　　　　　　　　　　　　　　　日志编号：

施工单位	施工1队	施工员	刘××	记录人	田××	记录时间	20××-08-02
施工时间	20××-08-02　10：00—20：00			天气	上午晴天，下午晴天，气温36℃		
工作情况							
出勤人数	泥工5人，钢筋工5人，司机1人，杂工4人，共计15人						

施工内容	1. 挖掘机拆除旧桥砼； 2. 施工安全标志牌安装； 3. 回填土方，整理路面； 4. 检查工程质量，设置维护标志； 5. .... 6. ....
施工质量	对照质量标准验收，工程质量合格
安全生产	建筑施工正常，已排查，无安全隐患
形象进度	旧桥砼全部拆除完毕，施工标志牌安装就位
工作中存在的问题	1. 早晨施工过程中，挖断××××公司光缆，已于17：00接通； 2. 谢××的岗位是杂工，但工作效率低，出工不出力，工作考核标准应进一步细化
主管领导意见	
解决问题方案	
备 注	

范文实操 2

××通达电信公司接线二组组长工作日志

时间：20××年12月29日　　　记录人：周××（组长）　　　日志编号：

姓名	工号	数据总数	接通总数	接通率/%	成单量	成单率/%	通时
张××	8007	67	46	68.7	0	0	1.25
肖××	8023	118	54	45.8	0	0	2.33
孙××	8096	114	62	55.3	1	1.58	3.01
李××	8111	86	52	60.5	0	0	2.02
时 间	主要工作						
9：00—10：00	通报昨日业绩，分配今日任务，并责任到头						
10：00—12：00	抽听李××通话录音，并与其沟通，指出存在的问题						
12：00—15：00	对个别违纪员工进行诫勉谈话，要求其注意工作纪律						
15：00—17：00	查阅客户意见反馈记录，处理工单并统计接线员个人业绩						
17：00—18：00	对照班组计划，进行工作总结，明确明日奋斗目标：保三争二						

续表

工作小结
1. 今日应到 4 人，实到 4 人，任务 3 单，实际完成 1 单
2. 孙 ×× 出单状态稳定，临时接通及 3 分钟以上通话考核成绩优秀
3. 新员工李 ×× 工作效率低，工作时间不紧凑，口头表达欠缺，问题已反馈本人
4. 肖 ×× 因为个人原因，导致上班迟到，工作状态欠佳，已个别谈话，并给予忠告
5. 存在的问题：接线整体工作没有目标性，小组成员各自为政，班组凝聚力较弱
补充说明
....

实操技巧

一、标题

首行居中写"工作日志"或"××××公司工作日志"。

二、正文

1. 设计表格。表格应根据实际需要，科学合理。

2. 填写具体内容。"主要工作"很重要，"工作小结"次重要，应突出重点，表述准确。

三、附项

补充说明、备注等。

实操拓展

1. 什么是工作日志？工作日志的形式有哪些？

2. 请结合以下材料完成表格式工作日志。

××××年 11 月 11 日 10：00—14：00，我和师傅对一辆越野车换油底壳。师傅先将车开到举升机处，然后将其举高，师傅走到车的底盘发动机油底壳处，并用扳手旋松放油螺栓，待机油放尽后，旋下油底壳边缘的螺栓，取下了整个油底壳。油底壳拿下后，可以看到在其底面有一层乌黑的泥沙，可见车主很久没有更换机油了，发动机的齿轮受到较大的磨损。由于油底壳变形较为严重，车主说更换一个新的油底壳。

查看拆下的油底壳，发现其内设有挡油板，是为了防止汽车行驶时油面波动过大。另外，其底部的放油螺栓是磁性的，作用是吸机油中的金属屑，以减少发动机运动零件的磨损。接着，开始换新的油底壳。新油底壳进行油润后，在其上端贴密封圈，并涂抹一些胶水。为了更好地密封，要拧紧螺栓，注意力度的把握。以上工作完成后，还要在机油加注口倒入适量的新的机油，再进行热机。

第三节　生产工艺流程说明书

基 础 知 识

一、概念

生产工艺流程也称加工流程或生产流程，简称流程，是指在生产过程中，劳动者利用生产工具将各种原材料、半成品通过一定的设备、按照一定的顺序连续进行加工，最终使之成为成品的方法与过程。

生产工艺流程说明书是对生产工艺流程进行准确描述和书面说明。

二、作用

1. 将先进的技术工艺记录下来，用以继续改造创新。

2. 不同的企业，不同的设备生产能力、精度，以及工人熟练程度等因素，决定了生产工艺的不同，决定了生产工艺流程说明书的不同，不同的说明书有不同的参考价值。

三、特点

对同一种产品而言，不同的企业制定的工艺不同，甚至同一家企业在不同时期所制定的工艺也不同。因此，生产工艺流程说明书具有非唯一性、机密性、实践性、不确定性、文献性的特点。

四、写作要求

1. 突出实践。必须详细做好现场记录，没有实践就没有发言权。

2. 描述准确。有些关键环节，可用数字说明，切忌使用模糊语言。

3. 一语中的。语言表述要切中要害，无须迂回。

4. 简明扼要。语言朴实、简明，无须长篇大论。

单体液压支柱生产工艺流程说明书

一、单体液压支柱生产工艺

1. 支柱热处理：采用中频炉调质，保证整个油缸、活柱、柱头硬度均匀，保持每个点都在图纸要求之内。

2. 油缸内孔和活柱的外表面处理：均采用滚挤压，保证加工表面的加工精度致密性，有利于增强电镀的附着力，同时采用数控车床加工来保证精度和同轴度。

3. 焊接处理：油缸体的焊接采用摩擦焊，优点是比普通焊接强度焊接工艺高 2 倍以上。

4. 电镀处理：采用美国化学沉积技术，该技术防腐能力是其他电镀工艺的 3 倍以上。

5. 表面防腐处理：喷塑，表面美观且是永久性防腐处理。

6. 其他处理：..
....。

二、执行标准：MT 112.1—2006

型号	额定工作阻力 /kN	额定工作压力 /MPa	初撑力 /kN	泵站压力 /MPa	最大高度 /mm	最小高度 /mm	行程 /mm	无液重量 /kg
DW28	250	31.8	118~158	15~20	2800	2000	800	73.5

三、工艺改进说明

....
....。

硅 PU 球场施工工艺流程说明书

一、材料混合搅拌

1. 搅拌场所先以胶布铺垫，确保地面清洁，材料启用时封盖外缘须先清洁干净。

2. 依规定之重量混合比例，将材料倒入搅拌桶，以先倒入固化剂（透明液状）、再倒入主剂（色彩液状）的方式为宜。

3. 搅拌时，搅拌机（器）应上下左右移动，使材料充分均匀混合。另应注意搅拌桶桶底四周及边缘是否混合均匀。

4. 材料混合量，应考虑施工区域的面积及施工操作的速度，一次施工厚度不超过3毫米。

二、摊铺顺序

确定施工范围→测基础含水率8%以下方可施工→PU第一遍施工2mm厚（养护一天）→做测水实验，不平之处用PU材料补平→PU第二遍施工3mm厚（养护一天）→做测水实验，不平之处用PU材料补平→进口面漆涂料，防滑处理（养护一天）→面层画线。

三、球场画线

根据球场的尺寸，用钢卷尺准确放出各条线位，然后弹出墨线，按照墨线位置用透明胶粘贴，然后用进口PU漆画线，要求线宽一致，无虚边。

四、养护措施

....
....。

实操技巧

一、标题

首行居中写标题，如"××××生产工艺流程说明书"。

二、正文

1. 按照操作顺序，准确描述具体生产工艺流程，应清楚明了，不含歧义。

2. 正确使用大小标题，结构完整，层次分明。如标题为"材料混合搅拌"，说明为"搅拌场所先以胶布铺垫，确保地面清洁，材料启用时封盖外缘须先清洁干净"等。

实操拓展

1. 什么是生产工艺流程？什么是生产工艺流程说明书？

2. 请结合以下材料，可重新组合加工，写一则生产工艺流程说明书。

材料：胶粘带主要是以纸、布、薄膜为基材，然后把胶水均匀涂在上述基材上，制成纸质胶粘带、布质胶粘带或薄膜质胶粘带。

说明书总标题：胶粘带生产工艺流程说明书

说明书大、小标题：一、原材料加工（1~4）；二、产品制版（5~6）；三、母卷半成品（7~10）；四、产品包装（11~12）。

1. 采用胶带原材料丙烯酸；

2. 在乳化槽进行乳化；

3. 在反应锅里放上胶带原材料进行反应；

4. 经过上面的步骤就有了胶水；

5. 进行制版，这个步骤也可以委托加工厂进行加工；

6. 使用印刷机进行彩印；

7. 使用涂布机进行薄膜上胶的工作；

8. 到这一步就制成了母卷半成品；

9. 使用切管机将母卷进行切管；

10. 使用分条机将胶粘带母卷进行分切；

11. 使用纸箱进行胶带包装；

12. 胶粘带成品制作成功。

第四节　产品使用说明书

基础知识

一、概念

产品使用说明书是介绍产品安装、调试、维修、保养，准确阐述产品知识和使用须知的科技应用文书。

二、类型

1. 包装式，即印在包装物上的说明书。

2. 内装式，有专用纸张说明书、图表式说明书、装订成册的产品使用说明书等。

三、特点

1. 知识性。向用户真实地介绍有关产品的主要性能、用途、使用方法等技术知识。

2. 责任性。为取得用户信任，要详细介绍产品商标、批准文号、地址、电话等。

3. 通俗性。通俗易懂，条理清晰，看了产品使用说明书便能操作使用。

4. 多样性。形式多样，单页、活页、小册子等；彩印、烫金、图片、光碟、音视频等。

四、作用

桥梁作用，宣传作用，传播作用。

五、使用范围

广泛用于生活、生产、电子、科技等各类产品上，是科技应用文中使用频率最高的文体。

六、写作要求

科学严密，图文并茂，通俗易懂，条理清晰，格式规范。

范文实操 1

充电式剃须刀使用说明书

一、充电

将电源插头插入 AC220V 电源中，充电指示灯即亮，可充电 12~16 小时。注意：充电时间不宜过长，以免影响电池寿命。

二、剃须

将开关键上推至开启（ON）位置，即可剃须。为求最佳之刮须效果，请将皮肤拉紧，使胡子呈直立状，然后以逆胡子生长的方向缓慢移动。

三、修剪刀

如有修剪刀功能的剃须刀，请在剃须前，先将修剪刀推出，修短胡须后再用网刀剃净。

四、清洁

剃须刀要经常清洁。清洁前应先关上开关，旋下网刀，用毛刷将胡须屑刷净；清洁后轻轻放回刀头架，且到位。清洁时应轻拿轻放，避免损坏任何部件。

五、保修条例

1. 保修服务只限于一般正常使用下有效。一切人为损坏，如接入不适当电源，使用不适当配件，不依说明书使用；因运输及其他意外而造成之损坏；非经本公司认可的维修和改造；错误使用或疏忽而造成的损坏；不适当之安装等，保修服务立即失效。

2. 此保修服务不包括运输费及维修人员上门服务费。保修期外享受终身维修，维修仅收元器件成本费。剃须刀中内、外刃属消耗品，不在保修范围内。

3. 保修期：正常使用 6 个月。

六、注意事项

充电时间 12 ~ 16 小时，换刀网刀头时一定要选用原厂配件。

七、生产企业

企业名称：×× 市 ×× 有限责任公司　生产地址：×× 市 ×× 路 ×× 区 189 号

批准文号：×××××××　　　　电话号码：××××××××

网址：×××××××

范文实操 2

工业盐酸产品使用说明书

一、标识

中文名：盐酸；氢氯酸

英文名：hydrochloric acid; chlorohydric acid

分子式：HCl

相对分子质量：36.46

…………

二、主要组成与性状

主要成分：含量 工业级 36%

外观与性状：无色或微黄色发烟液体，有刺鼻的酸味。

主要用途：重要的无机化学品，广泛用于染料、医药、食品、印染、皮革、冶金等行业。

三、健康危害

侵入途径：吸入、食入。

健康危害：接触其蒸汽或烟雾，可引起急性中毒，出现眼结膜炎，鼻及口腔黏膜有烧灼感，鼻衄，齿龈出血，气管炎等。误服可引起消化道灼伤、溃疡形成，有可能引起胃穿孔、腹膜炎等。眼和皮肤接触可致灼伤。

慢性影响：长期接触，引起慢性鼻炎、慢性支气管炎、牙齿酸蚀症及皮肤损害。

四、急救措施

皮肤接触：立即脱去被污染的衣着，用大量流动清水冲洗至少15分钟。就医。

眼睛接触：立即提起眼睑，用大量流动清水或生理盐水彻底冲洗至少15分钟。就医。

吸入：迅速脱离现场至空气新鲜处，保持呼吸道通畅。如呼吸困难，给输氧。如呼吸停止，立即进行人工呼吸。就医。

食入：误服者用水漱口，饮牛奶或蛋清。就医。

五、燃爆特性与消防

燃烧性：不燃

···········

实操技巧

一、标题

首行居中写"产品使用说明书"或"××××产品使用说明书"。

二、正文

1.介绍产品适用范围、使用对象等内容。

2.介绍产品的操作原理、技术指标、结构特点、维修保养、故障排除等内容，以实物图或产品结构图展示，并配以文字说明。

三、附文

生产企业名称、地址、邮政编码、联系电话、电子邮箱等。

实操拓展

1.什么是产品使用说明书？有几种类型？

2.请写一则你所熟悉的家用电器或生活用品的产品使用说明书。

第五节　产品售后服务承诺书

基础知识

一、概念

产品售后服务就是在商品出售以后所提供的各种服务活动。

产品售后服务承诺书就是在商品出售以后所提供的各种服务活动的书面保证。

二、承诺的目的

1. 一种促销手段。在追踪跟进时期，采取售后服务承诺来提高企业信誉。

2. 一种盈利手段。扩大产品的市场占有率，提高推销工作效率及企业效益。

三、承诺的意义

1. 售后服务是产品销售最重要的基础。良好的售后服务可以使顾客摆脱疑虑和摇摆，下定决心购买商品。

2. 售后服务是产品售后最重要的环节。售后服务已经成为企业保持或扩大市场份额的要件，直接影响消费者的满意程度。

四、承诺书的内容

代为消费者安装、调试产品；根据消费者要求，进行有关使用等方面的技术指导；维修零配件的供应等。

负责维修服务，并提供定期维护、定期保养；为消费者提供定期电话回访或上门回访；对产品实行"三包"，即包修、包换、包退；及时处理消费者来信来访及电话投诉，耐心解答消费者的咨询；用各种方式征集消费者对产品质量的意见，并根据情况及时改进等。

五、承诺书的书写形式

条文式、表格式、文表结合式。

六、承诺书的写作要求

诚信为本，言出必行，表述准确，简明扼要，格式规范。

产品售后服务承诺书

一、售前服务

签订合同前我公司在适当的情况下可派遣工程师对产品的现场安装、现场调试进行指导性工作，解决调试期间设备可能发生的问题，提供最佳设备配置方案及与本合同设备有关的工程设计、检验、土建、安装等相应的技术指导、技术配合，确保设备投运前完全符合国家技术标准及我公司企业产品规范。

二、售后服务

我公司将派出经验丰富的技术人员协助客户进行安装调试、性能验收、试验、运行、检修等工作，确保每台产品正常运转，并对设备的使用和保养进行常识性的培训。在产品施工及运行中出现质量问题，在接到用户反馈1小时内，向用户反馈解决方案，并商定上门服务时间。

三、应急维修时间安排

省内接用户电话或书面通知后1小时赶到维修现场，省外接用户电话或书面通知后48小时赶到维修现场。

四、售后服务人员情况

售后服务现有24人，做售后之前均为生产车间的技术人员，经过长期实践后从事售后服务工作。其中，16人具有中级以上专业技术职称，24人全部持有电网入网操作许可证，有能力保证服务的全面性和及时性。售后服务工作队伍由专业技术人员组成，在众多重大工程中给用户提供了优质满意的服务。

五、技术培训、质量保证措施

1. 设备加工后邀请甲方操作维护人员到乙方车间进行现场监督与培训。

2. 设备到达甲方工地后，由乙方售后服务人员到现场进行设备安装与调试、技术交底、协调。

3. 服务热线：××58—××××2092　138××××8885

××××变压器有限责任公司

××××年××月××日

范文实操 2

产品售后服务承诺书

××科技本着"高质量，优服务，求发展"的精神，以"优质产品、合理价格、贴心服务"的理念，以对产品质量"终身负责"的原则向您郑重承诺：

一、售出产品配发检验合格证书和足量使用说明书，以确保用户能正确安装使用我公司产品。

二、公司保证出厂的产品均按有关国家标准生产和检验，不合格的产品绝不出厂；保证严格履行、兑现产品三包，严格执行国家工业产品售后服务有关规定。产品自发货日起的 18 个月内或产品安装 12 个月以内（以先到者为限），若买方能够证实产品是在正确安装与使用的前提下，产品本身确有设计或加工缺陷，并向本公司提出书面申请，本公司将负责召回缺陷产品或免费进行维修，或按订货价全额退款。

三、..
....。

××市××科技有限责任公司

××××年××月××日

实操技巧

一、标题

首行居中写"产品售后服务承诺书"或"××公司产品售后服务承诺书"。

二、正文

具体承诺内容及服务热线，以条款式写作居多，把最重要的放在最前边。如"一、售出产品配发检验合格证书和足量使用说明书，以确保用户能正确安装使用我公司产品"。

三、落款

单位标准全称及成文时间。标题中有单位全称的，落款只写成文时间。

实操拓展

1.什么是产品售后服务承诺书？承诺的意义是什么？

2.请结合所使用的家用电器，写一则家用电器产品售后服务承诺书。

第六节　产品订货单

基础知识

一、概念

产品订货单是买方向卖方订购货物时填写的单据，是买方和卖方间货物交易的凭证。

二、特点

1.协约性。买卖双方都应信守订货单中的各项条款。

2.严肃性。订货单具有合同的性质，买卖双方都应严肃对待，不可有欺诈行为。

三、类型

预约订货单、现货订货单。

四、法律效力

有效产品订货单具有法律效力。

五、表达方式

表格式、文字式、文表结合式。

六、写作要求

1.信息完整，实用好用，方便快捷。

2.简明扼要，表述准确，实事求是，完全忠实于洽谈内容。

3.一页内完成为宜，切忌散页或跨多页，以免被"掉包"换页。

范文实操 1

产品订货单

发货单位			订货单位		
发货单位全称：××××××公司			订货单位全称：××××××公司		
下单时间：××××年××月××日			订货时间：××××年××月××日		
发货地址：××市×××路×××号			收货地址：××市×××路×××号		
发货人：×××	发货时间：××××年××月××日		订货人：×××	到货时间：××××年××月××日	
预付：订货预付30%	结算：发货前结清全款		预付：订货预付30%	结算：发货前结清全款	
运费：发货方自理	电话：××××××××		运费：发货方自理	电话：××××××××	
开户银行：×××	开户账号：××××××××××		开户银行：×××	开户账号：××××××××××	
传真：××××××××	邮编：××××××		传真：××××××××	邮编：××××××	
序号	品　名	品　牌	规格型号	单　位	数　量	单　价	金　额
1	××××××	××	××××××	台	××	××	
2							
3							
4							
5							
6							
7							
8							
人民币大写总金额	×万×仟×佰×拾×元整（¥××××××）						

订货单位（签章）：　　　　　　　　　　　　　　发货单位（签章）：

范文实操 2

××××公司出厂产品订货单

订货单位	××××公司	订货日期	××××年××月××日
订货人	×××	订单号码	×××××
电　话	××××××××	传　真	××××××××

续表

序　号	品　名	品　牌	规格型号	单　位	数　量	单　价	金　额
1	××××	××	××××	××	×××	××	××××
2							
3							
4							
5							
6							
7							
合计金额(人民币大写)：×佰×拾×万×仟×佰×拾×元整(￥×××××)							
收款时间	××××年××月××日			下单时间	××××年××月××日		
收款方式	订货预付50%，交货前结清全款			交货时间	××××年××月××日		
收款银行	××××××××			交货地点	××××××××		
收款账号	××××××××××××			交货人	×××		
备　注							
订货人(签名)： 审批人(签名)： 订货单位(公章)：××××× 公司 订货时间：××××年××月××日				发货人(签名)： 审批人(签名)： 发货单位(公章)：××××× 公司 订货时间：××××年××月××日			

实操技巧

一、标题

1.产品订货单。

2.单位名称＋产品订货单，或单位名称＋出厂产品订货单。如"××××××公司出厂产品订货单"等。

二、基本信息

双方单位名称、联系人、电话等。如"订货单位全称：×××××× 公司""收货地址：××市×××路×××号"等。

三、正文

1.填写产品品名、品牌等，必须写标准全称。

2.填写产品规格、型号等，必须清楚准确。

3.填写订购数量及总量等，必须精确无误。

4.填写单价与总额，必须以大小写人民币正确表示。

5.填写付款方式，严格执行约定，订货以交付订金为前提。

6.填写交货时间，必须在规定时间内交货；否则，应承担法律责任。

7.填写交货地点、交货人、运费等，一切按照事先约定执行。

四、落款

在正文下方写明双方单位名称（加盖公章）等内容。

实操拓展

1.请简述产品订货单的写作要求，谈谈其法律效力。

2.请以订货人的身份，写一则你熟悉的电子产品订货单。

第七节　招标书

基础知识

一、概念

招标书又称招标公告、招标通告、招标启事，它是将招标主要事项和要求公告于世，从而使众多竞争者前来投标。

二、特点

1.广告性。招标书是告知性文书，通过大众传媒公开，也称招标广告。

2.竞争性。招标书是一种吸引竞争者加入的文书，具有相当的竞争性。

3.时效性。要求高效、迅速，在规定的较短的时间内获得结果。

三、类型

1.按方式，有公开招标、邀请招标。

2.按时间，有长期招标书和短期招标书。

3.按内容及性质，有企业承包招标书、工程招标书、大宗商品交易招标书等。

4.按招标范围，有国际招标书和国内招标书。

四、法律效力

有效招标书具有法律效力。

五、写作要求

遵纪守法，公正合理，公平竞争，科学规范，表述准确。

六、注意事项

合法合规，周密严谨，语言简洁，平等友善，广而告之。

范文实操

招标公告

根据××电工〔20××〕28号文件批准，现对××××市南湖路38号电力工区外电工程进行公开招标。

一、项目名称：××××市南湖路38号电力工区外电工程

二、招标单位：××××生物有限公司

三、建设地点：××××市南湖路38号××××生物有限公司

四、招标内容：永久用电报装、施工（包括新建开关房1间）、调试及通电。

五、建设规模：由供电部门指定的13号变电站敷设电缆引至该址新建开关房、高压房及专变房。新建开关房1间。新装变压器及高、低压配电设备。新装变压器1250kVA 2台，新装变压器1000kVA 1台，新装高压柜12台，低压配电柜20台，高压部分电压等级为10kV。

六、投标人资格资质要求：

1.具有独立法人资格，持有工商行政管理部门核发的法人营业执照，依法经营。

2.持有建设行政主管部门颁发的企业资质证书及安全生产许可证，符合《关于敦促有关施工企业做好安全生产许可证延期申报工作的紧急通知》（××××126号）文件要求。

3.具有国家能源局颁发的《承装（修、试）电力设施许可证》（许可类别为承装类五级或以上）。

4.送变电工程专业承包三级以上（含三级资质）。

5.电力工程施工总承包三级或以上（含三级）资质。

七、投标报名截止时间：20××年4月9日18：00（北京时间）

八、报名时须提交的资料：详见附件2《投标申请人报名提交资料一览表》。

九、提交文件地点：××××市38号××××生物有限公司办公楼308室

联系人：王××　刘××　　联系电话：××91-××××6574

××××生物有限公司

××××年××月×××日

附件：1. 外电工程施工工期进度及技术要求

　　　2.《投标申请人报名提交资料一览表》

实操技巧

一、标题

1. 由招标单位、项目、文种构成，如"××公司动力车间电力安装工程招标书"。

2. 由招标单位、文种构成，如"××市××公司招标书"。

3. 由事由、文种构成，如"建筑安装工程招标书"。

4、只写文种，如"招标书"或"招标公告"。

二、正文

1. 开头。招标单位的基本情况，招标的原因、目的、依据、项目名称等。

2. 主体。标的、招标范围、投标方式、投票程序、投标资格、质量及技术要求、合同规则、权利义务、保证条件、支付办法、招标起止时间、开标时间、地点等，可配图表说明。

3. 结尾。联系地址、电话、邮编、电传、联系人等。如果是国际招标项目，还应将招标书翻译成外文，并写明国别、付款方式及用何种货币付款等。

三、落款

招标单位标准全称、日期、公章。这些内容如在封面写明，落款可从略。

四、附件

把说明项目内容的材料附在招标书后面。如工期一览表、设计和勘探资料及其他有关文件等，这些材料可以看作招标书的一部分。

实操拓展

1.什么是招标书？特点是什么？

2.招标书有几种类型？是否具有法律效力？

第八节 投标书

基础知识

一、概念

投标书是指投标单位按照招标书的条件和要求，向招标单位提交报价并填具标单的文书。

二、特点

保密性，针对性，求实性，合约性。

三、类型

1.按投标范围划分，可分为国际投标书、国内投标书。

2.按投标标的物划分，可分为三大类：货物、工程、服务。

四、法律效力

有效投标书具有法律效力。

五、写作要求

单位需求的原则，科学合理的原则，公平竞争的原则，维护本企业商业秘密的原则，维护国家利益与安全的原则。

六、注意事项

实事求是，不可弄虚作假；语言简洁，力求突出重点；注意保密，委派专人负责。

范文实操 1

投标书封面

投标书
项目名称： 投标单位： 法人代表： 投标单位全权代表： 　　　　　　　　　　　　　　　投标单位：　（公章） 　　　　　　　　　　　　　　　　　年　月　日

范文实操 2

投标书

××××有限责任公司：

我公司已认真研究了贵单位化工车间建筑工程项目招标文件（包括图纸），考察了工程现场，参加了招标技术说明与招标答疑，我公司愿承担该工程全部施工任务，按照贵单位招标要求正式投标。投标书由以下文件组成：

1. 授权委托书

2. 总报价书（已加盖公章单独密封）

3. 建筑工程预算书

4. 建筑工程进度表

5. 建筑工程施工方案

6. 建筑工程综合说明书

7. ××建筑工程有限责任公司工程质量承诺书

8. ××建筑工程有限责任公司近三年工程业绩介绍

联系地址：××××市霞飞路3号　邮政编码：××1000

联系电话：××98-×××6456　传真：××98-×××6858

　　　　　　　　　　　　　　　　××建筑工程有限责任公司（公章）

　　　　　　　　　　　　　　　　××××年××月××日

实操技巧

一、标题

1. 由投标单位、项目、文种构成，如"××公司关于××电厂电力安装项目投标书"。

2. 由投标单位、文种构成，如"××市××公司投标书"。

3. 由事由、文种构成，如"建筑安装工程投标书"。

4. 只写文种，如"投标书"或"投标说明书"。

二、主送单位

招标单位标准全称，写在标题下第一行顶格处，如"××立交桥兴建工程办公室"。

三、正文

1. 开头。说明投标的依据、目的、宗旨及投标人在竞争中的态度，统揽全篇。

2. 主体。这是投标书的核心，应根据招标书提出的目标、方案、要求，具体介绍投标人的业绩、优势；明确投标方案及投标形式，拟定标的，阐明达到目标的办法及措施等，论证严密。

3. 结尾。联系地址、邮编、电话、联系人等。如果是国际投标，应将投标书译成外文，写明国别、付款方式及何种货币付款等。

四、落款

投标单位标准全称、日期、公章。这些内容如在封面写明，落款可略。

五、附件

附件是投标书的一部分，如有必要，还应附上有关图纸、担保单位的担保书等。

实操拓展

1. 什么是投标书？投标书的特点是什么？

2. 请结合以下材料，写一则××××变压器有限责任公司投标书。

写作材料：招标单位：××××煤焦化有限责任公司；招标变压器型号：SFPZ9-1200/110-三相变压器（容量为1200kVA，高压额定电压为110kV）；变压器用途：煤焦化厂房供电。

第九节 经济合同

基础知识

一、渊源

在中国古代，合同被称作"书契"。《周易》记述："上古结绳而治，后世圣人易之以书契。""书"是文字，"契"是将文字刻在木板上，这种木板一分为二，称为左契和右契，以此作为凭证。"书契"就是契约。

"合同"即合为同一件书契，这是"合同"一词的本义。今天签订的各种合同都是在纸张上，在古代却是实物。由此看来，古今意义上的合同已不可同日而语。

二、概念

1. 合同又称契约、协议，是民事主体之间设立、变更、终止民事权利义务关系的协议。

2. 经济合同是自然人、法人、其他组织之间为了实现一定的经济目的，明确相互的权利义务关系而订立的书面协议。

3. 广义合同是指所有法律部门中确定权利、义务关系的协议。

4. 狭义合同是指一切民事合同，还有最狭义合同仅指民事合同中的债权合同。

三、特点

合同是两个以上法律地位平等的当事人意思表示一致的协议；合同以产生、变更或终止债权债务关系为目的；合同是一种民事法律行为。

四、分类

按照《中华人民共和国民法典》规定的典型合同，分为买卖合同，供用电、水、气、热力合同，赠与合同，借款合同等19类。

买卖合同是出卖人转移标的物的所有权于买受人，买受人支付价款的合同。

购销合同是买卖合同的变化形式，是指供方（卖方）同需方（买方）根据协商一致的意见，由供方将一产品交付给需方，需方接受产品并按规定支付价款的协议。

五、成立与生效的前提

1. 双方当事人应具有实施法律行为的资格和能力。

2. 当事人应是在自愿的基础上达成的意思表示一致。

3. 合同的标的和内容必须合法。

六、法律效力

有效合同具有法律效力。

七、写作要求

1. 签订合同的时间、地点、交易内容、履行方式、期限、违约责任等要约清楚。

2. 查阅国家对该交易有无特别规定，目的在于确定双方的权利义务是否合法有效。

3. 在签署合同前，应全面了解对方状况，知己知彼，尽可能避免意外情况发生。

4. 通过律师见证或公证，使合同的内容尽可能完备。

5. 字迹清楚，整洁，不得涂改，使用合同专用纸张。

范文实操 1

工业产品购销合同

立合同单位：××××电气制造有限公司（甲方）　合同编号：×××298

　　　　　　××××生物科技有限公司（乙方）　签订地点：甲方2号楼202室

　　　　　　　　　　　　　　　　　　　　　　签订时间：20××年12月12日

一、产品名称、品牌、型号、数量、单价、金额、交货时间

产品名称	品牌	规格型号	计量单位	数量	单价/元	总额/元	交货时间
变压器	××	ZB1—336型	台	1	90 000.00	90 000.00	20××年12月30日
合　计						90 000.00	
合计人民币金额（大写）：玖万元整（￥90 000.00）							

二、质量标准：产品按照国家 GB 12706—2010 标准生产。

三、交货地点：乙方 A 区机修车间 B 工段。

四、交货方式：1. 甲方免费送货。2. 收货人：乙方张××。

五、运输方式：汽车运输。

六、合理损耗及计算方法：执行国家 GB 12706—2010 标准，无损耗。

七、包装标准：一层为白色塑料包装，二层为防雨篷布包装。

八、验收标准、验收方法及提出异议期限：产品到达交货地后，按照国家标准对照清单，对产品数量、质量、规格等进行验收，验收期限为货到交货地点 3 日内；如有异议，乙方在 3 日内以书面形式提出，否则视为产品数量、质量等符合约定。

九、货款支付时间及方式：1. 结算：本合同签字盖章后 3 日内预付全部货款的 30%；2. 验收期满 5 日内付全部货款的 70%。3. 产品保修期：20×× 年 12 月 1 日之前（免费维修）。

十、违约责任：按照《中华人民共和国民法典》有关规定执行。

十一、解决争议的方式：双方协商解决，协商不成，由人民法院裁决。

十二、本合同一式两份，甲乙双方各执一份，具有同等效力，经甲乙双方签字盖章生效。

十三、本合同有效期：20×× 年 12 月 1 日—20×× 年 12 月 1 日。

甲　方	乙　方
单位名称：××××电气制造有限公司	单位名称：××××生物科技有限公司
单位地址：××××市幸福路 119 号	单位地址：××××友好路 76 号
法定代表人：刘××	法定代表人：张××
委托代理人：邵××	委托代理人：王××
电话：××99-××××9357	电话：××98-××××9467
传真：××99-××××6396	传真：××98-××××6757
开户银行：××××市工商银行	开户银行：××××市农业银行
账号：589××××111845878	账号：978××××3535558
邮政编码：××0000	邮政编码：××0000

范文实操 2

门面房租赁合同

出租人：李××（甲方）　　　签订地点：甲方门面房－市团结路 37 号
承租人：林××（乙方）　　　签订时间：20×× 年 4 月 1 日

经双方协商，现将租房有关事宜约定如下：

一、门面房现状：门面房位于××××市团结路 37 号、红星市场内，面积 31 平方米（见房产证），屋内水、电、暖等设施完好（见门面房设施清单）。

二、房租交纳：租房须交押金贰仟元整（￥2000.00），租房期限自 20×× 年 4 月 1 日至 20×× 年 3 月 31 日止，房租每月壹仟元整（￥1000.00），年租金为壹万贰仟元整（￥12 000.00），一年房租一次交清。租赁期满，承租人如果续租，应在 20×× 年 3 月 31 日前付清全年房租，否则，出租人另租他人。

三、租赁期满，若承租人不续租，必须将室内设施恢复原状，保持室内干净整齐，室内设施若有损坏，承租人照价赔偿。

四、承租人不得随意转租，若情况特殊需要转租，必须征得出租人书面同意，否则，出租人有权终止合同。

五、租赁期满，若合作愉快，出租人可给承租人优先续租。

六、租赁期内，一切经营费用均由承租人承担，若恶意拖欠，责任自负。

七、租赁期内若发生经济纠纷，由双方协商解决，协商不成，由人民法院裁决。

八、本合同一式两份，甲乙双方各执一份，具有同等效力，经甲乙双方签字生效。

　　　　甲　方　　　　　　　　　　　　　乙　方

出租人（签字）：李×× 　　　　　　　承租人（签字）：林××

　20×× 年 4 月 1 日　　　　　　　　　　20×× 年 4 月 1 日

实操技巧

一、标题

标题即合同的名称。主要用于提示合同的性质、种类，一般由业务性质、文种两部分组成，如"工业产品购销合同""建筑工程承包合同"等。

二、合同当事人及副项

合同当事人各方的名称（甲乙），标注副项即合同编号、签订地点、签订日期等内容。

三、正文

1. 开头。签订合同的目的、依据，如"根据（为了）……，经双方协商，特订立以下条款……"

2. 主体。

（1）标的。合同当事人双方权利和义务共同指向的对象。它因合同的具体内容的不同而异，可以是货物，也可以是货币，还可以是劳务或工程项目等。如"购销合同"中的标的是产品或商品。

（2）数量和质量。这是标的的具体化，也是衡量标的指标，确定权利义务大小的尺度。

数量：是指合同指标的计量，如产品的数量，也包括计算方法、计量单位。

质量：是检验标的内在素质和外观形态优劣的标志，如质量、包装、技术要求等。

（3）价款或酬金。简称价金，是签订合同的一方取得对方产品、完成工程等所支付的代价和报酬，以货币数量表示。

（4）履行的期限、地点和方式。

履行的期限：是双方一致确定的合同兑现的时间，即履行合同的时间范围。

履行的地点：是指双方履行合同义务的地方。

履行的方式：是指双方履行义务的方式、方法，如购销合同是一次性完毕还是分期履行；是供方送货，还是委托代运，或者需方自提等。

（5）违约责任。又称罚则，是指当事人一方（或双方）在违反合同条款时应承担的责任。它对合同履行中可能出现的违约行为，预先订立出彼此同意的处罚规则，通过偿付违约金、赔偿金、逾期保管费等方式体现出来。

3. 附则。执行合同时发生意外情况的处置办法，注明合同的有效期、份数及分送单位，合同的检查、修订办法，未尽事宜的处理办法等。

4. 附件标注。附件是合同中必需的但又无法写进具体条款中的内容，用附件形式列于合同后，有补充说明和资料凭证的作用。它是经济合同的组成部分，同样具有法律效力，如"××××系列产品销售清单"。若有附件应在附则后标明附件的名称、份数、页数。没有附件的则不写。

四、落款

在正文下方注明合同当事人单位名称（加盖公章）、代表签名、单位地址、电话号码、电报挂号、开户银行、银行账号、签约日期等内容。如有鉴证机关公证，要注明鉴证机关名称（加盖公章），并另起一行在相对应位置注明鉴证时间。

实操拓展

1. 请谈谈合同的渊源。合同成立与生效的前提是什么？

2. 请写一则 XCMG-8T 徐工集团 -8 吨随车吊租赁合同（文表式）。

第八章

法律类

第一节　概述

基 础 知 识

一、概念

法律应用文是指公安机关、国家安全机关、检察机关、法院、监狱等司法机关、律师组织、公证机关、仲裁机关、当事人及诉讼参与人依法制作的处理各类诉讼案件及非诉讼事件的具有法律效力或法律意义的文书的总称。

二、特点

法律应用文的特点是合法性、形式的程式性。

三、作用

法律应用文是司法实践活动的忠实记录，是实施法律的有效保证，是检查执法情况的有力工具，是考察干部及普法教育的重要依据。

四、写作要求

遵纪守法，针对性强；语言准确、精练、朴实；以记叙、说理、说明为主要表达方式。

第二节　民事起诉状

基 础 知 识

一、概念

1.起诉状是指在诉讼过程中，公民、法人和非法人团体向法院提起诉讼的法律文书。

2.民事起诉状是原告对与自己有直接利害关系的民事权利和义务方面的争执或其他民事纠纷，向应当作为第一审受理本案的人民法院提起诉讼的法律文书。

二、种类

起诉状分为民事起诉状、刑事自诉状、行政起诉状。

三、诉讼条件

民事诉讼应符合《中华人民共和国民事诉讼法》的规定，应具备如下条件。

1. 必须有民事权益或其他民事纠纷，且这些纠纷应属于民法、经济法、婚姻法的调整范围，如财产继承权、知识产权（著作、发明、发现）、债权、合同纠纷、婚姻家庭纠纷等。

2. 原告必须是与本案有直接利害关系的人。

3. 有明确的被告。

4. 有具体的诉讼请求和事实。

5. 诉讼必须向应当作为第一审受理本案的人民法院提起，即原告所在地的辖区基层法院。

范文实操

民事起诉状

原告：张××，男，19××年1月2日出生，汉族，个体，住××××市安康北路××小区9号楼1单元102室，电话：××××879897。

被告：王××，男，39岁，汉族，×××××房产有限公司职员，住××××市兴业南路4区9号楼3单元302室，电话：××××867373。

诉讼请求：

1. 被告付清拖欠原告装修费10 000元及利息260元。

2. 被告承担全部诉讼费用。

事实与理由：

20××年1月—3月，原告给被告装修位于××××市延安北路××小区9号楼1单元102室的新居。3月20日，原告装修完毕，经被告验收，工程合格，被告给原告打了工程验收单。按照装修合同规定，工程验收合格后，被告应给原告付装修费2万元。当时，被告声称资金紧张，先付1万元，剩余1万元，1月后付清。1月后，被告仍以资金紧张为由，拒绝付款。原告多次索要未果。为保护原告合法权益，根据《中华人民共和国民法典》有关规定，特起诉至贵院，请求依法解决。

证据与证据来源，证人姓名和住址：

证据1：书证1件。

证据2：照片6张。

证人：刘××，家住××市建设路××小区8号楼1单元301室。

证人：姚××，家住××市文化路××小区6号楼2单元202室。

此致

××市人民法院

附：起诉状副本1份

起诉人：张××

××××年6月6日

实操技巧

一、首部

首部包括标题和当事人基本情况。

1. 标题。一律写"起诉状"或"民事起诉状"。

2. 当事人基本情况。

（1）当事人包括原告、被告和他们的代理人。

（2）原告和被告如果是自然人，就要写清楚他们的姓名、性别、年龄、工作单位、住址；如果原告和被告之间有亲属关系，还应当准确表述血缘远近及具体情况。如果当事人是法人或其他组织，在"原告"这个称谓下面，要写明单位的名称和所在地，并写清楚该单位的法定代表人或主要负责人姓名、职务、电话、企业性质、工商登记核准号、经营范围和方式、开户银行、账号等。如果该单位委托业务经办人或律师代理诉讼的，要写清楚"委托代理人"的姓名、单位、职务等。

（3）原告或被告如果不止一人，应当依次列写。

二、正文

正文包括诉讼请求、事实理由和证据及其来源。

1. 诉讼请求。原告向法庭提起诉讼的目的，也称作案由。诉讼请求要写得明确、具体、合法，各自独立的请求事项要分项列出，最后一项通常为诉讼费用的负担要求。

2. 事实和理由。

（1）事实要按事件的基本要素叙述清楚，即时间、地点、人物、事件、原因、结果这六个要素要齐全；叙述事实，要主次分清，并明确双方争执的焦点。

（2）理由要明确是非，着重论证纠纷的性质、被告应负的法律责任、原告诉讼请求的合法性。最后有针对性地引用相关法律条文，以获得法律上的支持。

3.证据及其来源。一般采用清单式列举的方法，即只需要依照一定顺序列举出证据和证据来源、证人姓名和住址，而不需要写出证据的具体内容，也不需要对证据进行分析。

三、尾部

写明受诉法院名称、附项、起诉人姓名或单位名称、起诉状递交日期。其中附项部分，要注明副本的份数。

实操拓展

1.民事起诉状的概念是什么？详述民事起诉状中正文包括哪几部分？

2.请写一则民事起诉状。

诉状材料：借贷纠纷。欠款金额1万元；欠款时间：3年；约定借款期限：1年；借条约定年利率：10‰；起诉原因：多次索要未果。

第三节　答辩状

基础知识

一、概念

答辩状是指司法诉讼活动中，被告人或被上诉人，针对原告、自诉人或上诉人的起诉、自诉或上诉状副本中提出的诉讼内容，在法定期限内进行答复和辩解的一种诉讼文书。答辩状与起诉状、上诉状相对应。

二、种类

1.从答辩状的性质而言，凡针对刑事起诉状的称"刑事答辩状"，凡针对民事起诉状的称"民事答辩状"。

2.从答辩状的审级而言，凡针对起诉状的，称"一审程序答辩状"，如"民事答辩状"和"刑事答辩状"；凡针对上诉状的，称"二审程序答辩状"，如"民事被上诉答辩状"和"刑事被上诉答辩状"。

三、作用

1.有助于维护当事人的合法权益。答辩是一种应诉的法律行为，是法律赋予被告人或被上诉人、被申诉人享有的法定权利。

2.有助于法院正确审理案件。通过答辩，便于法院了解诉讼双方的意见及思想主张。

范文实操

民事答辩状

答辩人：王××，男，28岁，××市人。住所：××市55号小区11号楼3-502室。

答辩人就被答辩人胡××诉答辩人离婚一案，答辩如下：

一、被答辩人诉答辩人不务正业，对家务事不管不问，经常在外赌博，致使被答辩人生活困难，确系捏造。事实是：答辩人常年在超市、餐厅等服务行业打工，所得报酬全部贴补家用，从不赌博，家庭责任感极强。

二、被答辩人诉答辩人对其张口就骂，举手就打，根本不符合事实。答辩人与被答辩人言语争执时有发生，但并没有张口就骂，具体情况可由左右邻居证明。答辩人没有对被答辩人举手就打，被答辩人的母亲可以证明。被答辩人的母亲与答辩人、被答辩人共同生活3年，若答辩人举手就打，被答辩人的母亲怎能忍气吞声，与答辩人共同生活3年？

综上所述，充分证明被答辩人的诉讼理由不能成立，故答辩人请求法院对合法婚姻给予保护，对被答辩人的无理要求给予驳回，依法公正判决。

此致
××市人民法院

附：答辩状副本1份

答辩人：王××

××××年5月10日

实操技巧

一、首部

1.标题。答辩状的具体名称。应根据案件性质或审级具体标名：一审可写为"民（刑）事答辩状"或"行政答辩状"，二审可写为"民（刑）事被上诉答辩状"或"行政被上诉答辩状"。

2.答辩人基本情况。答辩人是公民的，应写明姓名、性别、年龄、民族、籍贯、职业、地址、工作单位等。答辩人是法人或其他组织的，应写明单位名称和所在地址、法定代表人（或代理人）姓名、职务、电话，然后再写企业性质、工商登记核准号、经营范围和方式、开户银行、账号等。

3.案由。写明因何人起诉或针对上诉的何案提出的答辩，即简要写明案由以引出下文。具体行文为：一审答辩状——"因××一案，根据起诉状所列事实、理由和请求，现答辩如下"或"答辩人于××××年××月××日收到××人民法院交来原告（或上诉）因××一案的起诉（或上诉）状的副本，现答辩如下"。

二、正文

1.答辩理由。根据原告的起诉状或上诉人的上诉状的内容来确定。除被告或被上诉人愿意认同原告或上诉人的诉讼请求外，答辩理由一定要针对原告在诉讼状中提出的事实和理由，或针对上诉人在上诉状中提出的上诉请求和理由进行答辩，并可提出相反的事实、证据和理由，证明自己是正确的，提出的意见和要求是合理的。

2.答辩意见。在充分地阐明了答辩理由之后，具体提出答辩人对本案处理的意见和主张。

三、尾部

受诉法院名称、附项、答辩人姓名或单位名称、答辩状递交日期。附项要注明副本份数。

实操拓展

1.答辩状的概念是什么？答辩状有什么作用？

2.请问答辩状的正文由几部分组成？具体说明各部分内容。

附录

党政机关公文处理工作条例

中共中央办公厅　国务院办公厅关于印发
《党政机关公文处理工作条例》的通知

中办发〔2012〕14号

各省、自治区、直辖市党委和人民政府，中央和国家机关各部委，解放军各总部、各大单位，各人民团体：

《党政机关公文处理工作条例》已经党中央、国务院同意，现印发给你们，请遵照执行。

中共中央办公厅
国务院办公厅
2012年4月16日

党政机关公文处理工作条例
第一章　总　则

第一条　为了适应中国共产党机关和国家行政机关（以下简称党政机关）工作需要，推进党政机关公文处理工作科学化、制度化、规范化，制定本条例。

第二条　本条例适用于各级党政机关公文处理工作。

第三条　党政机关公文是党政机关实施领导、履行职能、处理公务的具有特定效力和规范体式的文书，是传达贯彻党和国家的方针政策，公布法规和规章，指导、布置和商洽工作，请示和答复问题，报告、通报和交流情况等的重要工具。

第四条　公文处理工作是指公文拟制、办理、管理等一系列相互关联、衔接有序的工作。

第五条　公文处理工作应当坚持实事求是、准确规范、精简高效、安全保密的原则。

第六条　各级党政机关应当高度重视公文处理工作，加强组织领导，强化队伍建设，设立文秘部门或者由专人负责公文处理工作。

第七条　各级党政机关办公厅（室）主管本机关的公文处理工作，并对下级机关的公文处理工作进行业务指导和督促检查。

第二章　公文种类

第八条　公文种类主要有：

（一）决议。适用于会议讨论通过的重大决策事项。

（二）决定。适用于对重要事项作出决策和部署、奖惩有关单位和人员、变更或者撤销下级机关不适当的决定事项。

（三）命令（令）。适用于公布行政法规和规章、宣布施行重大强制性措施、批准授予和晋升衔级、嘉奖有关单位和人员。

（四）公报。适用于公布重要决定或者重大事项。

（五）公告。适用于向国内外宣布重要事项或者法定事项。

（六）通告。适用于在一定范围内公布应当遵守或者周知的事项。

（七）意见。适用于对重要问题提出见解和处理办法。

（八）通知。适用于发布、传达要求下级机关执行和有关单位周知或者执行的事项，批转、转发公文。

（九）通报。适用于表彰先进、批评错误、传达重要精神和告知重要情况。

（十）报告。适用于向上级机关汇报工作、反映情况，回复上级机关的询问。

（十一）请示。适用于向上级机关请求指示、批准。

（十二）批复。适用于答复下级机关请示事项。

（十三）议案。适用于各级人民政府按照法律程序向同级人民代表大会或者人民代表大会常务委员会提请审议事项。

（十四）函。适用于不相隶属机关之间商洽工作、询问和答复问题、请求批准和答复审批事项。

（十五）纪要。适用于记载会议主要情况和议定事项。

第三章　公文格式

第九条　公文一般由份号、密级和保密期限、紧急程度、发文机关标志、发文字号、签发人、标题、主送机关、正文、附件说明、发文机关署名、成文日期、印章、附注、附件、抄送机关、印发机关和印发日期、页码等组成。

（一）份号。公文印制份数的顺序号。涉密公文应当标注份号。

（二）密级和保密期限。公文的秘密等级和保密的期限。涉密公文应当根据涉密程度分别标注"绝密""机密""秘密"和保密期限。

（三）紧急程度。公文送达和办理的时限要求。根据紧急程度，紧急公文应当分别标注"特急""加急"，电报应当分别标注"特提""特急""加急""平急"。

（四）发文机关标志。由发文机关全称或者规范化简称加"文件"二字组成，也可以使用发文机关全称或者规范化简称。联合行文时，发文机关标志可以并用联合发文机关名称，也可以单独用主办机关名称。

（五）发文字号。由发文机关代字、年份、发文顺序号组成。联合行文时，使用主办机关的发文字号。

（六）签发人。上行文应当标注签发人姓名。

（七）标题。由发文机关名称、事由和文种组成。

（八）主送机关。公文的主要受理机关，应当使用机关全称、规范化简称或者同类型机关统称。

（九）正文。公文的主体，用来表述公文的内容。

（十）附件说明。公文附件的顺序号和名称。

（十一）发文机关署名。署发文机关全称或者规范化简称。

（十二）成文日期。署会议通过或者发文机关负责人签发的日期。联合行文时，署最后签发机关负责人签发的日期。

（十三）印章。公文中有发文机关署名的，应当加盖发文机关印章，并与署名机关相符。有特定发文机关标志的普发性公文和电报可以不加盖印章。

（十四）附注。公文印发传达范围等需要说明的事项。

（十五）附件。公文正文的说明、补充或者参考资料。

（十六）抄送机关。除主送机关外需要执行或者知晓公文内容的其他机关，应当使用机关全称、规范化简称或者同类型机关统称。

（十七）印发机关和印发日期。公文的送印机关和送印日期。

（十八）页码。公文页数顺序号。

第十条 公文的版式按照《党政机关公文格式》国家标准执行。

第十一条 公文使用的汉字、数字、外文字符、计量单位和标点符号等，按照有关国家标准和规定执行。民族自治地方的公文，可以并用汉字和当地通用的少数民族文字。

第十二条 公文用纸幅面采用国际标准 A4 型。特殊形式的公文用纸幅面，根据实际需要确定。

第四章 行文规则

第十三条 行文应当确有必要，讲求实效，注重针对性和可操作性。

第十四条 行文关系根据隶属关系和职权范围确定。一般不得越级行文，特殊情况需要越级行文的，应当同时抄送被越过的机关。

第十五条 向上级机关行文，应当遵循以下规则：

（一）原则上主送一个上级机关，根据需要同时抄送相关上级机关和同级机关，不抄送下级机关。

（二）党委、政府的部门向上级主管部门请示、报告重大事项，应当经本级党委、政府同意或者授权；属于部门职权范围内的事项应当直接报送上级主管部门。

（三）下级机关的请示事项，如需以本机关名义向上级机关请示，应当提出倾向性意见后上报，不得原文转报上级机关。

（四）请示应当一文一事。不得在报告等非请示性公文中夹带请示事项。

（五）除上级机关负责人直接交办事项外，不得以本机关名义向上级机关负责人报送公文，不得以本机关负责人名义向上级机关报送公文。

（六）受双重领导的机关向一个上级机关行文，必要时抄送另一个上级机关。

第十六条 向下级机关行文，应当遵循以下规则：

（一）主送受理机关，根据需要抄送相关机关。重要行文应当同时抄送发文机关的直接上级机关。

（二）党委、政府的办公厅（室）根据本级党委、政府授权，可以向下级党委、政府行文，其他部门和单位不得向下级党委、政府发布指令性公文或者在公文中向下级党委、政府提出指令性要求。需经政府审批的具体事项，经政府同意后可以由政府职能部门行文，文中须注明已经政府同意。

（三）党委、政府的部门在各自职权范围内可以向下级党委、政府的相关部门行文。

（四）涉及多个部门职权范围内的事务，部门之间未协商一致的，不得向下行文；擅自行文的，上级机关应当责令其纠正或者撤销。

（五）上级机关向受双重领导的下级机关行文，必要时抄送该下级机关的另一个上级机关。

第十七条 同级党政机关、党政机关与其他同级机关必要时可以联合行文。属于党委、政府各自职权范围内的工作，不得联合行文。

党委、政府的部门依据职权可以相互行文。

部门内设机构除办公厅（室）外不得对外正式行文。

第五章　公文拟制

第十八条　公文拟制包括公文的起草、审核、签发等程序。

第十九条　公文起草应当做到：

（一）符合党的理论路线方针政策和国家法律法规，完整准确体现发文机关意图，并同现行有关公文相衔接。

（二）一切从实际出发，分析问题实事求是，所提政策措施和办法切实可行。

（三）内容简洁，主题突出，观点鲜明，结构严谨，表述准确，文字精练。

（四）文种正确，格式规范。

（五）深入调查研究，充分进行论证，广泛听取意见。

（六）公文涉及其他地区或者部门职权范围内的事项，起草单位必须征求相关地区或者部门意见，力求达成一致。

（七）机关负责人应当主持、指导重要公文起草工作。

第二十条　公文文稿签发前，应当由发文机关办公厅（室）进行审核。审核的重点是：

（一）行文理由是否充分，行文依据是否准确。

（二）内容是否符合党的理论路线方针政策和国家法律法规；是否完整准确体现发文机关意图；是否同现行有关公文相衔接；所提政策措施和办法是否切实可行。

（三）涉及有关地区或者部门职权范围内的事项是否经过充分协商并达成一致意见。

（四）文种是否正确，格式是否规范；人名、地名、时间、数字、段落顺序、引文等是否准确；文字、数字、计量单位和标点符号等用法是否规范。

（五）其他内容是否符合公文起草的有关要求。

需要发文机关审议的重要公文文稿，审议前由发文机关办公厅（室）进行初核。

第二十一条　经审核不宜发文的公文文稿，应当退回起草单位并说明理由；符合发文条件但内容需作进一步研究和修改的，由起草单位修改后重新报送。

第二十二条　公文应当经本机关负责人审批签发。重要公文和上行文由机关主要负责人签发。党委、政府的办公厅（室）根据党委、政府授权制发的公文，由受权机关主要负责人签发或者按照有关规定签发。签发人签发公文，应当签署意见、姓名和完整日期；圈阅或者签名的，视为同意。联合发文由所有联署机关的负责人会签。

第六章 公文办理

第二十三条 公文办理包括收文办理、发文办理和整理归档。

第二十四条 收文办理主要程序是：

（一）签收。对收到的公文应当逐件清点，核对无误后签字或者盖章，并注明签收时间。

（二）登记。对公文的主要信息和办理情况应当详细记载。

（三）初审。对收到的公文应当进行初审。初审的重点是：是否应当由本机关办理，是否符合行文规则，文种、格式是否符合要求，涉及其他地区或者部门职权范围内的事项是否已经协商、会签，是否符合公文起草的其他要求。经初审不符合规定的公文，应当及时退回来文单位并说明理由。

（四）承办。阅知性公文应当根据公文内容、要求和工作需要确定范围后分送。批办性公文应当提出拟办意见报本机关负责人批示或者转有关部门办理；需要两个以上部门办理的，应当明确主办部门。紧急公文应当明确办理时限。承办部门对交办的公文应当及时办理，有明确办理时限要求的应当在规定时限内办理完毕。

（五）传阅。根据领导批示和工作需要将公文及时送传阅对象阅知或者批示。办理公文传阅应当随时掌握公文去向，不得漏传、误传、延误。

（六）催办。及时了解掌握公文的办理进展情况，督促承办部门按期办结。紧急公文或者重要公文应当由专人负责催办。

（七）答复。公文的办理结果应当及时答复来文单位，并根据需要告知相关单位。

第二十五条 发文办理主要程序是：

（一）复核。已经发文机关负责人签批的公文，印发前应当对公文的审批手续、内容、文种、格式等进行复核；需作实质性修改的，应当报原签批人复审。

（二）登记。对复核后的公文，应当确定发文字号、分送范围和印制份数并详细记载。

（三）印制。公文印制必须确保质量和时效。涉密公文应当在符合保密要求的场所印制。

（四）核发。公文印制完毕，应当对公文的文字、格式和印刷质量进行检查后分发。

第二十六条 涉密公文应当通过机要交通、邮政机要通信、城市机要文件交换站或者收发件机关机要收发人员进行传递，通过密码电报或者符合国家保密规定的计算机信息系统进行传输。

第二十七条 需要归档的公文及有关材料，应当根据有关档案法律法规以及机关档案管理规定，及时收集齐全、整理归档。两个以上机关联合办理的公文，原件由主办机关归档，相关机关保存复制件。机关负责人兼任其他机关职务的，在履行所兼职务过程中形成的公文，由其兼职机关归档。

第七章　公文管理

第二十八条 各级党政机关应当建立健全本机关公文管理制度，确保管理严格规范，充分发挥公文效用。

第二十九条 党政机关公文由文秘部门或者专人统一管理。设立党委（党组）的县级以上单位应当建立机要保密室和机要阅文室，并按照有关保密规定配备工作人员和必要的安全保密设施设备。

第三十条 公文确定密级前，应当按照拟定的密级先行采取保密措施。确定密级后，应当按照所定密级严格管理。绝密级公文应当由专人管理。

公文的密级需要变更或者解除的，由原确定密级的机关或者其上级机关决定。

第三十一条 公文的印发传达范围应当按照发文机关的要求执行；需要变更的，应当经发文机关批准。

涉密公文公开发布前应当履行解密程序。公开发布的时间、形式和渠道，由发文机关确定。

经批准公开发布的公文，同发文机关正式印发的公文具有同等效力。

第三十二条 复制、汇编机密级、秘密级公文，应当符合有关规定并经本机关负责人批准。绝密级公文一般不得复制、汇编，确有工作需要的，应当经发文机关或者其上级机关批准。复制、汇编的公文视同原件管理。

复制件应当加盖复制机关戳记。翻印件应当注明翻印的机关名称、日期。汇编本的密级按照编入公文的最高密级标注。

第三十三条 公文的撤销和废止，由发文机关、上级机关或者权力机关根据职权范围和有关法律法规决定。公文被撤销的，视为自始无效；公文被废止的，视为自废止之日起失效。

第三十四条　涉密公文应当按照发文机关的要求和有关规定进行清退或者销毁。

第三十五条　不具备归档和保存价值的公文，经批准后可以销毁。销毁涉密公文必须严格按照有关规定履行审批登记手续，确保不丢失、不漏销。个人不得私自销毁、留存涉密公文。

第三十六条　机关合并时，全部公文应当随之合并管理；机关撤销时，需要归档的公文经整理后按照有关规定移交档案管理部门。

工作人员离岗离职时，所在机关应当督促其将暂存、借用的公文按照有关规定移交、清退。

第三十七条　新设立的机关应当向本级党委、政府的办公厅（室）提出发文立户申请。经审查符合条件的，列为发文单位，机关合并或者撤销时，相应进行调整。

第八章　附　则

第三十八条　党政机关公文含电子公文。电子公文处理工作的具体办法另行制定。

第三十九条　法规、规章方面的公文，依照有关规定处理。外事方面的公文，依照外事主管部门的有关规定处理。

第四十条　其他机关和单位的公文处理工作，可以参照本条例执行。

第四十一条　本条例由中共中央办公厅、国务院办公厅负责解释。

第四十二条　本条例自 2012 年 7 月 1 日起施行。1996 年 5 月 3 日中共中央办公厅发布的《中国共产党机关公文处理条例》和 2000 年 8 月 24 日国务院发布的《国家行政机关公文处理办法》停止执行。

参考文献

［1］杨欣.新编应用文写作教程 [M].西安：西安电子科技大学出版社，2016.

［2］杨文丰.高职应用写作 [M].5 版.北京：高等教育出版社，2022.

［3］陈子典，胡欣育.应用文写作 [M].北京：北京师范大学出版社，2011.

［4］张建.应用写作 [M].4 版.北京：高等教育出版社，2019.

［5］李佩英.应用写作实训教程 [M].4 版.北京：高等教育出版社，2020.

［6］陈荣邦，丁晓.应用写作 [M].北京：北京出版社，2014.

［7］宋有武，边勋.高职高专应用文写作教程及其实训 [M].北京：北京交通大学出版社，2007.

［8］张金英.应用文写作基础 [M].2 版.北京：高等教育出版社，2008.

［9］张德实.应用写作 [M].2 版.北京：高等教育出版社，2003.